das neue buch
Herausgegeben von Jürgen Manthey

David Cooper
Der Tod der Familie

Deutsch von Edwin Ortmann

das neue buch
rowohlt

Deutsche Erstausgabe
1.–18. Tausend April 1972
19.–23. Tausend März 1974
Redaktion Ralf-Rainer Rygulla
Aus dem Englischen übertragen
nach der 1971 unter dem Titel
«The Death of the Family»
bei Allen Lane The Penguin Press, London,
erschienenen Originalausgabe

Veröffentlicht im Rowohlt Taschenbuch Verlag GmbH,
Reinbek bei Hamburg, April 1972

Umschlagentwurf Christian Chruxin
und Hans-Gert Winter
Textlayout Gisela Nolte
Gesetzt aus der Garamond-Antiqua
(Linofilm-Super-Quick)
Gesamtherstellung
Clausen & Bosse, Leck/Schleswig
Printed in Germany
ISBN 3 499 25006 3

Inhalt

In dieser Kritik an der Familie werde ich mich paradigmatisch vor allem auf den Familienverband als Kern der heutigen kapitalistischen Gesellschaft beziehen. Der größere Bezugsrahmen sowie die meisten meiner allgemeinen Feststellungen haben jedoch mit den sozialen Auswirkungen der Familie als einer ideologischen Einrichtung zur Konditionierung (diese nicht-menschliche Formulierung ist bewußt gewählt und notwendig) in jeder Ausbeutungsgesellschaft zu tun – das heißt in jeder Sklavengesellschaft, in jeder feudalen Gesellschaft und in jeder kapitalistischen Gesellschaft, von ihrer primitivsten Entwicklungsphase im letzten Jahrhundert an bis zu den neokolonialistischen Gesellschaftssystemen in der Ersten Welt von heute. Doch sind hier auch die Arbeiterklasse der Ersten Welt, Gesellschaftsordnungen der Zweiten Welt und Länder der Dritten Welt einbezogen, insofern nämlich, als diese zu einem Scheinbewußtsein erzogen worden sind, das, wie wir noch sehen werden, jenen heimlichen Selbstmordpakt bedingt, der von besagtem bourgeoisen Familienverband verwirklicht wird – dem Verband, der sich selbst als «glückliche Familie» ausgibt. Es ist die Familie, die zusammen leibt und lebt, bis daß der Tod sie scheidet bzw. bis sie uns entläßt in die knappe Freudlosigkeit der Epitaphe auf unseren christlichen Grabsteinen, erigiert, mangels irgendeiner anderen Erektion, von jenen, die um uns trauern auf höchst seltsame Weise, indem sie sich mühsam erinnern, daß sie uns mühsam vergessen. Diese falsche Trauer ist insofern gerecht und poetisch, als echte Trauer unmöglich ist, wenn die Menschen, die einander betrauern, nie einander begegnet sind. Der bourgeoise Familienkern (um in der Sprache seiner Vertreter, der akademischen Soziologen und Politologen zu bleiben) ist in unserem Jahrhundert zur endgültig perfektionierten Form der Nicht-Begegnung geworden und daher äußerste Verleugnung der Trauer, des Todes, der Geburt und der Erfahrungswelt, die der Geburt und Empfängnis vorausgeht.

Warum lassen wir uns nicht in die einladende Falle, in die gemütlich pelzgefütterte Bärenfalle jener Hypostase locken, die die Familie an sich selbst vornahm, um sich schließlich zu DER FAMILIE zu erküren, und warum erforschen wir hiernach nicht die verschiedenen Methoden, mit denen die Binnenstruktur der Familie jede Begegnung zwischen zwei Menschen blockiert und mit denen sie uns allen ein Opfer abverlangt, das nichts und niemanden versöhnt als nur diese äußerst aktive Abstraktion selbst? Mangels Götter mußten wir mächtige Abstraktionen erfinden, unter denen keine so zerstörerisch ist wie die Familie.

Die Macht der Familie liegt in ihrer sozialen Mittlerfunktion. Sie untermauert die effektive Macht der herrschenden Klasse in jeder Ausbeutungsgesellschaft, indem sie für jede gesellschaftliche Institution eine äußerst kontrollierbare paradigmatische Form liefert. So wiederholt sich die Familie ihrer Form nach in den Sozialstrukturen der Fabrik, der

Gewerkschaft, der Volks- und Oberschule, der Universität, der Handelsgesellschaft, der Kirche, der politischen Parteien und des Regierungsapparats, der Streitkräfte, der Krankenhäuser im allgemeinen und der Nervenkliniken im besonderen usw. Auf Schritt und Tritt begegnen wir in diesem Kontext den guten oder schlechten, den geliebten oder gehaßten «Müttern» und «Vätern», den älteren und jüngeren «Brüdern» und «Schwestern», den verstorbenen oder heimlich herrschenden «Großeltern». Um mit Freud zu sprechen, überträgt jeder von uns Teile seiner eigenen Familienerfahrung aus seiner «Originalfamilie» auf jeden anderen in seiner späteren «eigenen» Familie (also auf Frau und Kinder) und weiter auf jeden anderen in jeder Arbeitssituation. Auf dieser Basis einer Nicht-Wirklichkeit, abgeleitet aus einer früheren Nicht-Wirklichkeit, unterhalten wir uns dann über Leute, über «Bekannte», als hätten wir auch nur die entfernteste Möglichkeit, jenen Menschen zu kennen, der die Leute kennt, von denen er annimmt, er kenne sie wirklich. Anders ausgedrückt heißt das, daß die Familie, gesellschaftlich metamorphisiert wie sie ist, die Leute, die in irgendeiner institutionellen Struktur zusammen leben oder arbeiten, anonymisiert. Wir haben es hier mit einem wirksamen Reihenprozeß zu tun, der einen an eine Schlange auf den Bus wartender Leute erinnert, die ein freundliches Gruppenbild abgeben, in dem jeder «wirkliche Mensch» bereitwillig mit jedem anderen «wirklichen Menschen» kooperiert. Diese Ausschließung der Wirklichkeit des Menschen mittels verinnerlichter Produkte der Einbildung aus vergangener Familienerfahrung wird ausgezeichnet veranschaulicht durch das grundlegendste Problem der Psychotherapie – das Problem der *fortschreitenden Entvölkerung des Raumes.* Zu Beginn der Therapie können sich Hunderte von Menschen im Raum befinden, in der Hauptsache alles Familienangehörige des Behandelten aus mehreren Generationen, aber unter Umständen auch andere wichtige Personen. Ein Teil dieser «Bevölkerung» setzt sich unvermeidlich aus den verinnerlichten anderen des Therapeuten zusammen – doch die Garantie für eine erfolgreiche Therapie ist nur dann gegeben, wenn der Therapeut mit den Machenschaften seiner verinnerlichten Familie genügend vertraut ist und sie hinreichend gezähmt hat. In der Therapie werden die Angehörigen dieser weitläufigen Familie nach und nach identifiziert und nur zu Recht werden sie nun ersucht, «den Raum zu verlassen», bis schließlich nur mehr zwei Menschen zurückbleiben, denen es nun freisteht, einander zu begegnen oder aus dem Weg zu gehen. Die Therapie findet ihren idealen Abschluß, wenn schließlich die Auflösung der Dualität Therapeut/Therapeutisierter gelingt – das ist der illusorische Zustand einer Nicht-Beziehung, wo die Therapie notwendigerweise einsetzen muß, und der sich herleitet aus der binären Familienstruktur von Erzieher und Erzogenem. Wann werden Eltern bereit sein, sich von ihren Kindern erziehen zu lassen?

Wie einfältig ist es doch, vom Tod Gottes oder vom Tod des Menschen zu sprechen – das ist nichts als eine Parodie der ernst gemeinten Bestrebungen mancher zeitgenössischer Theologen und Philosophen des Strukturalismus –, solange wir nicht einmal *den Tod der Familie* exakt ins Auge fassen können – den Tod dieses Systems, dessen gesellschaftliche Funktion es ist, den größten Teil unserer Erfahrung abzufiltern, um so unsere Handlungen aller echten und uneigennützigen Spontaneität zu berauben.

Vor allen kosmischen Fragen über die Natur Gottes oder die Natur des Menschen erheben sich in jedem von uns, historisch gesehen, andere Fragen, die konkreter und wesentlich persönlicher sind. «Woher bin ich gekommen?» – «Woher haben sie mich?» – «*Wessen* bin ich?» (Das fragt man sich, noch bevor man sich die Frage «Wer bin ich?» stellen kann.) Dazu kommen andere, weniger häufig artikulierte, aber unbestimmt verdächtigende Fragen wie zum Beispiel: «Was geschah zwischen meinen Eltern vor und während meiner Inkubationszeit?» (D. h.: «Bin ich das Ergebnis eines orgastischen Ficks oder was glaubten sie, da miteinander zu treiben?») «Wo war ich, bevor eines seiner Spermen eines ihrer Eier aufbrach?» – «Wo war ich, bevor ich ich war?» – «Wo war ich, bevor ich diese Frage stellen konnte, wo ich war, bevor ich dieses Ich war?»

Nur ein bißchen Glück, und schon ist man «außergewöhnlich» (und mehr unter uns sind außergewöhnlich, als die meisten unter uns glauben, wenn wir uns nur an ein oder zwei kritische Erfahrungen erinnern können, die unsere Außergewöhnlichkeit manifestieren). So erzählte mir zum Beispiel eine Frau, daß die Hebamme, von der sie entbunden wurde, zu ihrer Mutter gesagt habe: «Die war schon einmal hier.» Häufiger kommt es vor, daß manchen Leuten erzählt wird, ihr Vater oder ihre Mutter sei jemand anderer. – «Die in der Klinik haben einen Fehler gemacht und deinen Namen verwechselt.» Tatsächlich überlieferte Äußerungen zeigen, daß es hier sogar zu Implikationen kommen kann, nach denen ein Kind von einer anderen Spezies abstammt oder ganz offensichtlich nicht-menschlicher oder sogar außerirdischer und widernatürlicher Herkunft sein kann. Allerdings kann einem die Neugierde so sehr ausgetrieben werden, daß man eine Reihe unbeantworteter Fragen einfach als immanente Mystifikation der eigenen elementaren Identität verinnerlicht – gemeint sind Fragen darüber, wer man ist und wann man ist und woran man ist. Die Familie versteht es meisterhaft, dem Ich durch Angst und Terror einzuschärfen, daß solche Zweifel einfach nicht notwendig sind. Da die Familie unfähig ist, an sich selbst und an ihrer Fähigkeit, «geistige Gesundheit» und «richtiges Verhalten» zu erzeugen, zu zweifeln, zerstört sie den Zweifel als Möglichkeit in jedem ihrer Mitglieder.

Jeder von uns ist jedes ihrer Mitglieder.

Vielleicht muß jeder von uns die Möglichkeit, seine Herkunft anzuzweifeln, wiederentdecken – trotz und ungeachtet unserer Erziehung.
Immer noch schüttle ich ungläubig den Kopf, wenn ich Menschen begegne, die einst adoptiert wurden oder die es erlebten, daß ein Elternteil sie eines Tages auf Nimmerwiedersehen verließ, und die alle Zweifel und alle Neugierde so sehr unterdrücken, daß sie nie auch nur einen einzigen Versuch unternahmen, die fehlenden Eltern zu suchen – aber nicht unbedingt, um ständigen Kontakt mit ihnen aufzunehmen, sondern einfach, um sich von der Tatsache und Qualität ihrer Existenz zu überzeugen. Ähnlich beunruhigend ist die Seltenheit ausgereifter Phantasien über eine «Märchenfamilie» und über die ideale und ungewöhnliche Familie, von der man abstammen könnte – ich meine eine Art von Familie, die ihre Problematik nicht auf einen überträgt, sondern die zu einem imaginären Vermittler der *eigenen* effektiven Existenz wird.
Kurzum, man muß so weit kommen, daß man aus der ganzen eigenen Familienvergangenheit die Summe zieht, um sich so auf eine Weise freizumachen, die für die eigene Person sicher gewinnbringender ist als ein simpler aggressiver Bruch oder eine rohe räumliche Trennung. Gelingt einem eine solche Rekapitulation – sie erfolgt stets durch Beziehungen, wenn auch nicht unbedingt durch formale, therapeutische Beziehungen –, so kann man die an sich seltene Erfahrung machen, daß man seine Eltern in aller Freiheit wirklich zu lieben beginnt, anstatt unter einer knebelnden und zweifelhaften Liebe begraben zu werden, deren Opfer natürlich genauso die Eltern wie die Kinder sind.
Wenn wir nicht mehr zweifeln, werden wir vor uns selbst zweifelhaft. Dann aber bleibt uns nur mehr die Wahl, unsere eigene Sicht der Welt aufzugeben und uns durch die Augen anderer zu sehen – diese Sehweise der anderen aber (die alle von derselben unerkannten Problematik gequält werden) wird uns wie der ganzen übrigen Welt zur Sicherheit. So aber werden wir in der Tat zu Opfern einer Überfülle an Sicherheit, die jeden Zweifel mundtot macht und folglich alles Leben zerstört, in dem wir uns lebendig fühlen könnten. Der Zweifel läßt das Mark in unseren Knochen gleichzeitig gefrieren und aufkochen, er schüttelt unsere Knochen durch wie Würfel, die nie geworfen werden, er zieht als geheime und gewaltige Orgelmusik durch alle Kalibrationen unserer Arterien, er rumpelt dunkel und zärtlich durch unsere Bronchien, durch unsere Blase, unsere Gedärme. Er ist und bleibt der Widerspruch in jeder spermatischen Kontraktion und er ist Aufforderung und Ablehnung zugleich in jeder vaginalen, muskulären Fluktuation. Der Zweifel ist, anders ausgedrückt, dann wirklich, wenn wir unseren Weg zurück in diese Art von Wirklichkeit finden. Doch dazu müssen wir einem irreführenden Athletizismus und ritualisierten Yoga den Rücken kehren,

denn solche Rituale bestätigen nur die Verschwörung der Familie, körperliche Erfahrung als eine Sache zu externalisieren, die außerhalb einer realen Beziehung und nach einem Zeitplan erledigt werden kann, der einen an jene Erziehung zum Töpfchen erinnert, der man sich im zweiten Lebensjahr unterwerfen mußte, und nicht an das präzise Gleichgewicht zwischen den Möglichkeiten, einen bestimmten eindeutig gefühlten Köttel auszuscheiden oder zurückzuhalten.
Diese Zerstörung des Zweifels und der Erfahrung des eigenen Körpers entspringt dem Bedürfnis nach *menschlicher Gruppenbildung*, das zu allererst in der Familie entwickelt wird. Eine der ersten Lehren, die uns im Laufe der Konditionierung durch die Familie erteilt werden, ist die, daß einer allein zuwenig ist, um selbständig in der Welt zu bestehen. Bis in kleinste Dinge hinein wird uns beigebracht, das eigene Ich zu verleugnen und an anderen so zu kleben, daß an einem selbst Stücke von diesen anderen klebenbleiben und daß man schließlich den Unterschied zwischen dem Anderssein des Ich und dem Selbstsein des Ich nicht mehr erkennt. Dies ist Entfremdung im Sinne einer passiven Unterwerfung unter die Invasion anderer, die zuerst in der Familie stattfindet. Aber diese Passivität ist insofern Betrug, als sie einem die Wahl, sich einer solchen Invasion zu unterwerfen oder nicht, vorenthält. Alle Metaphern einer «Paranoia» sind ein poetischer Protest gegen diese Invasion. Dieser poetische Protest, dessen Qualität natürlich variiert, wird jedoch von der Gesellschaft nicht anerkannt, und wird er zu laut geäußert, so übernimmt die Psychiatrie – nach den Bildungsinstitutionen der dritte Verteidigungswall der Familie gegen Unabhängigkeitsbestrebungen ihrer Mitglieder – die Behandlung, das heißt die Psychiatrie zusammen mit Spezialschulen und Gefängnissen und einer Vielzahl anderer weniger offensichtlicher Abwehrmechanismen. Meiner Ansicht nach ist für uns in der Ersten Welt Paranoia heute zumindest ein notwendiger Versuch auf dem Weg zu Freiheit und Ganzheit; das einzige Problem in diesem Zusammenhang ist, wie man sich genügend unauffällig verhält, um der eigenen sozialen Ermordung oder der liebenswürdigeren und zivilisierteren Vermittlung von sozial annehmbaren Reaktionen mittels einer ermüdenden Psychoanalyse der eigenen «Verfolgungsängste» zu entgehen. Das Problem ist nicht, diese Ängste «aufzulösen», sondern sie hellsichtig dazu zu *benutzen*, eine reale, objektive Verfolgungssituation, in der man sich schon vor den eigenen ersten Anfängen verfangen hat, zu zerstören.
Der Therapeut sollte in seiner Arbeit gegebene paranoide Ängste wahrscheinlich wesentlich häufiger anerkennen als sie zurückzuweisen oder zu versuchen, sie zu modifizieren. Dies liefe zweifelsohne auf eine Projektion der Paranoia des Therapeuten selbst hinaus, wenn es nicht häufig möglich wäre, Strategien der Flucht oder des entschlossenen Angriffs zu erarbeiten – wir meinen hier Flucht aus oder Angriff auf jene beson-

dere Welt mit ihrer ganz und gar realen Verfolgungssituation, in der die fragliche Person untergetaucht ist und aus der sie auftauchen muß.
Ich glaube in der Tat, daß wir gewisse Erfahrungs- und Verhaltensweisen, die gewöhnlich für krankhaft gelten, völlig neu bewerten müssen, um sie dann nach einer radikalen Abwendung von unserem klinischen Begriffssystem als mehr oder weniger fruchtlose bzw. erfolgreiche Strategien zur Erlangung von Autonomie und Übereinstimmung mit sich selbst zu betrachten. In einem früheren Werk* habe ich den polaren Gegensatz aufgezeigt zwischen Normalität (das traurige Los der meisten von uns) und Gesundheit und Wahnsinn, die einander am entgegengesetzten Pol berühren.

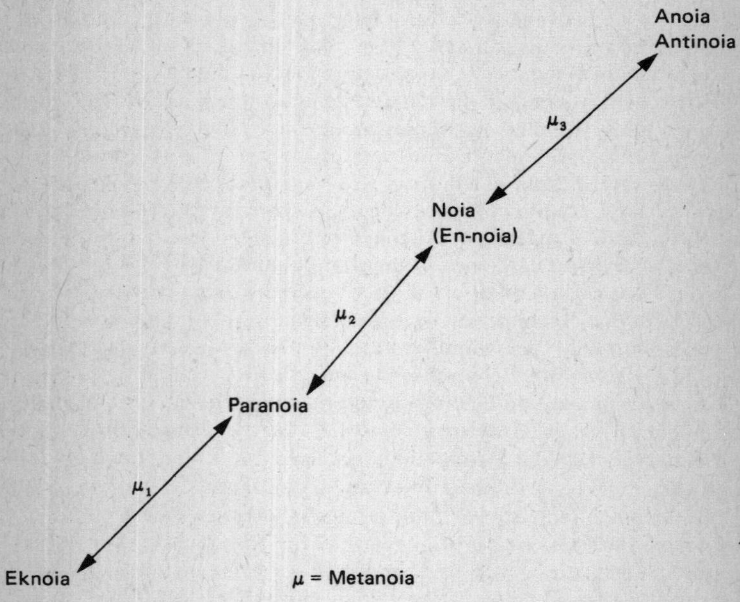

In diesem Zusammenhang entscheidend ist die Rolle, welche die Familie bei der Schaffung einer Basis für Konformismus spielt; Normalität wird erzeugt durch die primäre Sozialisation des Kindes. In der Praxis ähnelt das «Aufziehen» eines Kindes eher dem Abbau seiner Persönlichkeit. Dasselbe gilt für seine Weiterentwicklung: der Mensch wird aus sich heraus und von sich fortgeführt.
Dieser Gedanke läßt sich an Hand eines Spiels mit der griechischen Etymologie ausweiten.
Das eknoide Stadium links in unserem Diagramm beschreibt den Nor-

malzustand des angepaßten und ewig gehorsamen Bürgers. Dies ist ein Seinszustand, in dem der Mensch jedem Aspekt der eigenen Erfahrung, jedem spontanen Aktionsdrang, jedem bißchen Körperbewußtsein *von sich selbst* (im Gegensatz zum Bewußtsein, daß die Welt von unserem Körper hat) und allen Möglichkeiten sich anbahnender Verwandlung so sehr entfremdet ist, daß man ihn allen Ernstes und ohne metapho rische Umschreibung als *verrückt* ansehen darf. Die meisten Menschen in der Ersten Welt unterwerfen sich dieser permanenten Liquidierung ihres Ich mit nur schwach vorgebrachtem und rasch wieder vergessenem Protest. Unter einem gewissen Gesichtspunkt macht sich diese Art von Verrücktsein natürlich bezahlt: Man kann reich werden oder zumindest ein angenehmes Leben führen, man kann eine mächtige Handelsgesellschaft leiten oder einen gewaltigen Staat lenken oder man kann sich sogar im Interesse «normaler» Werte an der ökologischen Verwüstung riesiger Gebiete unserer Erde Genugtuung verschaffen. Nach einigem Überlegen gibt es tatsächlich nichts, was diesen Zustand des Verrücktseins übertreffen könnte. Dasselbe gilt für die durch ihn entstandenen Schäden.

Durch periodische Metanoia läßt sich diese eknoide Phase überwinden. Metanoia meint hier das Aufsteigen aus den Tiefen des Ich an die *Oberfläche* der eigenen sozialen Erscheinung. In ihr verbirgt sich viel von der Konversion und Reue im Paulinischen Sinne. Besonders im zweiten Stadium der Metanoia (μ_2) erzeugt diese «Anzeichen» von Depression und Trauer. Nach der ersten Metanoia betritt man den Bereich der «Paranoia», des *Außer-sich-Seins*. Wenn Eknoia Verrücktsein meint, bedeutet Paranoia zumindest, daß man zwar außer sich, aber nicht mehr so weit von sich entfernt ist. Paranoia kennt das gutnachbarliche Verhältnis zum Ich, ein Verhältnis, das liebevoll und zärtlich werden kann. Wenn Eknoia ein Seinszustand ist, ein Konglomerat aus Inhalten, die letztlich das passive Ergebnis einer in der Familie eingeleiteten sozialen Konditionierung sind, dann ist Paranoia der Beginn einer aktiven Existenz mit der Möglichkeit, neuen Zielen entgegenzuleben. Sicher kommt es hier zu Verwechslungen zwischen Verfolgungs-Phantasien und Verfolgungs-Wirklichkeit. Mit den ersteren erforscht man zielstrebig soziale Wirklichkeit – zunächst durch die unerkannten, später halberkannten Überlagerungen vergangener empirischer Strukturen auf die Gegenwart. Wird diese Erforschung hinsichtlich der eigenen wichtigsten Beziehungen radikal genug vorangetrieben, so beginnt man einen objektiven Sinn für Verfolgungs-Realität zu entwickeln. Dieser objektive Sinn ist transpersonal und steht jenseits jener Überlagerungen, obgleich er uns indirekt vermittelt wurde durch unsere primären Familienerfahrungen im ersten Lebensjahr, die unsere Verfolgungs-Phantasien konditioniert haben.

Im Stadium der zweiten Metanoia geht es um Arbeit am eigenen Ich im

Sinne von totaler Arbeit (dazu gehört auch die psychoanalytische Vorstellung vom «Sich-Hindurcharbeiten»), die uns in Übereinstimmung mit uns selbst bringt, so daß wir nun zu uns kommen, bei uns sind, getrennt als Mensch von jedem anderen Menschen in einem nicht-einsamen Alleinsein, das offen zur Welt ist. Dies ist der Punkt, an dem man das eigene Ich ermutigt, an dem man ihm ein neues Herz einsetzt, aber nicht durch Transplantation, sondern durch Invention, und an dem man sich verbürgt, jeder neuen Erfahrung in der Eigenständigkeit der Beziehung zu sich selbst zu begegnen, so daß man nun sein Ich großzügig in die Welt entlassen kann (die noische Bewegung).
Nun ist man bereit zur Aufgabe der Ichvorstellung, der Beschränkung auf ein begrenztes Ich. Die abschließende Metanoia ist die fließende *Bewegung zwischen* dem aktiv-autonomen Ich und dem Ich-mit-der-Welt – Transzendenz (Anoia) –, ein Zustand, in dem man, in einem Augenblick von Antonia, die Eliminierung der Präformation des Ich erlebt. Nun aber kann von «Seinszuständen» und von der illusorischen Sicherheit, die solche «Zustände» vermitteln, nicht mehr die Rede sein.
Es gibt natürlich viel Grund zur Verwirrung, wenn es um die Lokalisierung zwischen diesen Stadien geht, und einer der verhängnisvollsten Irrtümer hierbei dürfte der Versuch sein, aus dem Eknoia- und Paranoiastadium direkt in die Anoiaphase überzuwechseln, ohne die erforderliche Verwirklichung einer echten Autonomie. Die ohne Anleitung vorgenommene Einnahme von psychedelischen Drogen und unzeitige, panikartige Formen eines dem Schein nach «psychotischen Zusammenbruchs» sind solche Versuche. Wenn dies geschieht, ist der Mensch noch allzusehr im Netz der internen (und häufig auch externen) Familie verstrickt und sucht noch zwanghaft nach weniger einengenden Repliken von Familiensystemen.
Die Familie ist nicht nur eine Abstraktion, das heißt ein falsches Sein, ein absolutes Sein, sie ist auch eine Herausforderung zur Überwindung aller Konditionierung, der man sich in ihrem Rahmen unterworfen hat. Allerdings ist der Weg, auf dem diese Überwindung erfolgen könnte, scheinbar stets blockiert. Es gibt zahlreiche Tabus im Familiensystem, die wesentlich weiterreichen als das Inzesttabu oder Tabus gegen Besitzgier und Unordentlichkeit. Eines dieser Tabus ist das implizite Verbot, sein Alleinsein in der Welt zu erfahren. Tatsächlich scheint es sehr wenige Mütter zu geben, die fähig sind, ihre Kinder so lange in Ruhe zu lassen, bis diese ihre Fähigkeit, allein zu sein, entwickelt haben. Immer ist da der Wunsch, der jammernden Verzweiflung des anderen ein Ende zu bereiten – wenn nicht zu seinem, so zumindest zum eigenen Besten. Das aber ist eine Vergewaltigung der Temporalisierung (wir meinen damit individuelle Entwicklung von Zeitgefühl als unterschieden von der Befolgung fremder Zeit) des anderen; das Zeitbedarf-

System der Mutter (das mehr oder weniger passiv das Zeitbedarf-System der weiteren Gesellschaft widerspiegelt) wird dem Säugling aufgezwungen. Der Säugling aber mag doch durchaus seiner *eigenen* Zeit bedürfen, um Enttäuschung, Verzweiflung und schließlich eine umfassende Depressionserfahrung zu erleben. Meiner Erfahrung nach ist die Achtung vor der Zeit des anderen oder vor der Zeit, die der andere braucht, um eine Beziehung zu assimilieren, äußerst selten. Eine der wesentlichsten, vielleicht sogar die wesentlichste Errungenschaft der Freudschen Psychoanalyse ist die systematische und disziplinierte Förderung im Analytiker dieser Art von Achtung vor der natürlichen Entfaltung des Wechselspiels von Temporalisierungen – eine Achtung, die zwar äußerste Aufmerksamkeit, aber keine Einmischung kennt. In diesem Sinne kann sich aus der psychoanalytischen Situation *auf ideale Weise* eine Art Anti-Familie entwickeln – eine Familie, der man sich anschließen kann, wenn man will, und aus der man ausscheiden kann, wenn man das in ihr getan hat, was man in ihr tun wollte.
Die analytische Situation ist keine übertragene Familiensituation, in der man, einer unwissenden Einfalt gehorchend, den anderen verwandelt in Teile der eigenen gesamten Familienerfahrung. Geschieht dies dennoch, dann nur ganz «beiläufig», am Wegrand sozusagen dieses zu bereisenden Weges, der eine ganze Milchstrasse ist. Allerdings: diese Art von Milch ist längst verschüttet worden, und es ist sinnlos, Tränen darüber zu vergießen. So durchlebt man all diese Dinge mit einem vorgreifenden Impuls, der das eigene Ich durchdringt mit vergangenen Andeutungen des Ich, mit denen sich dieses Ich selbst durchdringen möchte.
In diesem Prozeß gilt es, eine fließende Dialektik zu erkennen, die sich die ganze Zeit in der wechselnden Antithese zwischen *Allein-Sein* und *Mit-den-anderen-Sein* bewegt. Diese Antithese ist es, die wir nun durchleuchten müssen, wenn wir entdecken wollen, wie ein Mensch im ersten Lebensjahr der lebenswichtigen Erfahrung seiner Einsamkeit beraubt, später, in einem Augenblick großer Qual, seine Abgetrenntheit von dieser Welt erfindet.
Ein sechsjähriger Junge namens Philipp lebte zusammen mit seinen Eltern in einem Hotel, das Verwandten gehörte. Sein ganzes Leben lang hatte man ihn emsig und eifrig umsorgt. Man hatte ihn nie auch nur einen Augenblick allein gelassen. Aber dann, eines Tages, er spielte im Garten und hatte die Hände auf den Rand eines weißgetünchten Vogelbades gelegt, schaute er ins moosige Wasser, in dem sich der Himmel spiegelte. Erschreckt blickte er nach oben und zum erstenmal sah er den Himmel, so als wäre er durch seine Spiegelung in das Bewußtsein von seiner Realität eingeweiht worden. In diesem Augenblick entdeckte er, und das war Beklemmung und Befreiung zugleich, seine eigene völlige Kontingenz und sein völliges Alleinsein in dieser Welt. Er wußte, von

nun an würde er nach niemandem mehr rufen und niemand würde mehr nach ihm rufen können, so, daß diese Rufe ihn von seinem Lebensplan ablenken würden – und er wußte, daß er diesen Plan nun gewählt hatte, obgleich natürlich Einzelheiten dieses Plans noch nicht feststanden. Seine Mutter rief ihn zum Essen. Er ging hinein, und zum erstenmal überkam ihn das Bewußtsein, daß er nicht länger Kind seiner Mutter, sondern daß er er selbst war. Entscheidend an Philipps Erlebnis ist, daß er niemandem in seiner Familie seine Erfahrung mitteilen konnte, denn sie alle hätten dieses Begebnis mit *ihren* Worten oder mit einem Scherz über *ihren* Jungen verzerrt.

Entdeckt man die eigene Autonomie nicht im ersten Lebensjahr oder später, in jenem beklemmenden Augenblick, so wird man, noch später, entweder wahnsinnig oder man gibt seinen Geist auf und wird zum Normalbürger oder man erkämpft sich die eigene Freiheit durch die Erarbeitung einer Reihe von Beziehungen, die spontan oder analytisch geplant sein können. Auf alle Fälle muß man eines Tages heraus aus dem Schoß der Familie – je eher, desto besser vielleicht.

Wir haben es hier durchwegs mit dem Problem der Kommunikation und des Scheiterns von Kommunikation zu tun. Dieses Scheitern kennzeichnet das Familiensystem. Nehmen wir eine ganz gewöhnliche Situation zwischen Eltern und Kind. Der Vater (oder die Mutter) geht mit dem Kind auf der Straße und hält seine Hand. An einem bestimmten Punkt kommt es zu einer unumgänglichen Störung dieser wechselseitigen Beziehung – der Vater hält zwar noch die Hand des Kindes, aber das Kind hält nicht mehr die Hand des Vaters. Durch eine unmerkliche Veränderung des Muskeldrucks seiner Hand gibt das drei- oder vierjährige Kind dem Vater zu erkennen, daß es seinen eigenen Weg in seiner eigenen Zeit gehen möchte. Nun verstärkt der Vater entweder seinen Händedruck oder er geht das ein, was ihm als schreckliches Risiko indoktriniert wurde – das Risiko, seinem Kind zu gestatten, ihn nicht in seiner (d. h. des Vaters) oder in einer gesellschaftlich vorgeschriebenen Zeit zu verlassen, sondern in seiner eigenen Zeit, in der Zeit des Kindes selbst.

Wie können wir lernen, uns um unsere eigenen Angelegenheiten zu kümmern, so wie es zum Beispiel der japanische Haiku-Dichter Basho tat? In seinem Tagebuch *‹Der schmale Weg in den tiefen Norden›* erzählt Basho, wie er zu Beginn seiner Reise am jenseitigen Ufer eines Flusses ein einsames, verlassenes, weinendes Kind entdeckte. Er hätte zu dem Kind zurückgehen können, um ihm in einem nahe gelegenen Dorf eine Bleibe zu verschaffen, doch statt dessen setzte er seine geplante Reise fort. Basho faßte sein ganzes Mitgefühl in Verse, aber trotzdem: an erster Stelle stand seine Reise – er wußte, er würde für das Kind nichts tun können, solange er nicht wußte, was er für sich selbst tun mußte.

Wenn wir uns von der externen Familie (der Familie «da draußen») und von der internen Familie (der Familie in unseren Köpfen) freimachen wollen, müssen wir lernen, sie zu *durch-schauen*. Zu diesem Zweck kann man über die Vorstellung von der *Familie, die Schlange steht*, meditieren. Stellen wir uns vor, wir schauten durch mehrere Schleier hindurch – der erste Schleier mag uns das Bild unserer Mutter in einer bestimmten, spontan erinnerten Stimmung zeigen, der zweite Schleier mag uns unseren Vater in einer ähnlich charakteristischen Stimmung vor Augen führen, und alle weiteren Schleier mögen uns unsere Geschwister, Tanten, Großeltern und alle anderen wichtigen Menschen unseres Lebens vergegenwärtigen, bis wir schließlich am Ende dieser «Schlange» einen Schleier mit uns selbst als Abbild darauf erblicken. Hat man so durch die eigene Familie hindurchgeschaut, heißt es nun, durch sich selbst hindurch durchschauen das heißt, in ein Nichts hineinzuschauen, das einem insofern zu sich selbst zurückbringt, als dieses Nichts das spezifische Nichts des eigenen Seins ist. Nach einem genügend langen Blick in dieses Nichts tönt das dadurch ausgelöste Entsetzen nur mehr als Nebenton nach.

Anders ausgedrückt heißt das, daß das Über-Ich (unsere verinnerlichten Eltern, primitiv geliebte und gehaßte Teile ihrer Körper, Fragmente aus bedrohlichen Äußerungen und verwirrenden Verboten, bei denen es um Leben und Tod ging und die uns vom ersten bis zum letzten Lebensjahr im Geiste nachklingen) aus einer theoretischen Abstraktion, die wir bloß begreifen können, in experimentelle Realität verwandelt werden muß. Dieses Über-Ich ist *nichts* (eben eine theoretische Abstraktion) – es ist nichts als eine Reihe sensorischer Eindrücke, eine Reihe Bilder, die wir in unserem Bewußtsein sehen, hören, riechen, schmecken und berühren müssen. Aus Gründen, die wir später durchleuchten werden, möchte ich all diese sensorischen Modalitäten am Sehen versinnbildlichen, am Schauen und Durchschauen. Unser Ziel, glaube ich, muß sein, dieses Über-Ich in realen, experimentellen Komponenten zu konkretisieren, so daß man es als eine Art soziales Schutzschild, als eine Art Alarmglocke und Maschinenpistole *benutzen* kann – anstatt nämlich von ihm benutzt und vielleicht zerstört zu werden. Die zweckdienlichen Methoden, die man finden oder erfinden kann, sind vielfältig.

Neben Interpretationen in der Therapie kann man sich an Geschichten und Mythen erinnern und man kann – wichtiger noch – die eigene persönliche Mythologie heraufbeschwören. So kennen wir zum Beispiel den Golem-Mythos. Erinnern wir uns an die ihm zugrunde liegende Erzählung in der Kabbala. In jüdischen Häusern pflegte man Figuren aus Ton aufzustellen, die an der Stirn die Inschrift *Emeth* («Wahrheit») trugen. Dieses dargestellte Ungeheuer konnte als Diener sehr nützlich sein und alle Arten von Hausarbeiten verrichten, bis es ausgedient hatte oder nicht mehr gehorchte oder ganz einfach zu groß geworden war.

War das der Fall, mußte der Hausherr das erste «E» aus dem Wort *Emeth* entfernen. Das übrigbleibende *Meth* aber bedeutete «sterbend», und nun mußte das Ungeheuer sterben und wurde fortgekehrt. Einmal geschah es jedoch, daß ein Hausherr seinen Golem so lange wachsen ließ, bis er nicht mehr zu ihm hinaufreichen konnte. Er zerbrach sich den Kopf und da er wußte, daß alle Golems oder Über-Ichs sehr gehorsam sind, befahl er seinem Golem, sich herabzubeugen und etwas Schmutz aufzukehren. Als der Golem gehorchte, entfernte er schnell das «E» aus dem Wort *Emeth* – aber da er den riesenhaften Wuchs des Golems übersehen hatte, wurde er von der enormen Lehmmasse, die nun auf ihn herabstürzte, zu Tode gedrückt. Das ist dasselbe, wie wenn man vorzeitig an Koronarthrombose oder Krebs stirbt oder wenn man bei einer Demonstration von Polizisten erschossen wird. Wie befreunden wir uns also mit unseren Golems? Denn mehr wollen «sie» wahrscheinlich gar nicht.

Noch einmal möchte ich die Macht der verinnerlichten Familie veranschaulichen, von der man Tausende von Kilometern getrennt sein kann, ohne daß es gelingt, sich aus ihren Fängen, die einen langsam zu Tode würgen, zu befreien. Ich kannte jemanden, der sich verzweifelt bemühte, mit einer Familiensituation fertig zu werden. Denn jeder Entschluß, den er, bei seiner Arbeit oder wenn es um Frau und Kind ging, faßte, wurde durch sie in Frage gestellt. Eines Tages erzählte ihm seine Mutter eine bekannte jüdische Geschichte. Sie handelte von einem jungen Mann, der sich in eine schöne Prinzessin aus der nächsten Stadt verliebte. Er wollte sie heiraten, doch sie stellte ihm eine Bedingung: Zuerst müsse er seiner Mutter das Herz herausschneiden und es ihr bringen. Er ging nach Hause, und als seine Mutter schlief, schnitt er ihr das Herz heraus. Freudig (aber nur insgeheim freudig) eilte er zurück zur Prinzessin, doch da stolperte und stürzte er. Das Herz fiel ihm aus der Tasche, und es begann zu sprechen und fragte ihn: «Hast du dir weh getan, liebster Sohn?» Zu ergeben, der verinnerlichten Mutter wie er war, die er in einer Form auch auf die Prinzessin übertragen hatte, wurde er von dieser verinnerlichten Mutter, deren allgegenwärtiger, unsterblicher Liebe er nie mehr entrinnen konnte, völlig versklavt.

Kürzlich brachte man ein Kind zu mir, das man in seinem «autistischen Rückzug» als schizophren diagnostiziert hatte. Dieser schöne achtjährige Junge erschien mit seinen Eltern bei mir. Er trug einen Button mit der Aufschrift «Leute fressen ist nicht richtig». Er schnitt Grimassen und gestikulierte und konnte (oder, vielleicht wichtiger noch, wollte) nicht ruhig sitzen bleiben, um sich an dem Gespräch zu beteiligen. Die Mutter des Kindes, die offensichtlich an einer gewissen Art von Gefräßigkeit litt, konsumierte das Kind in Begriffen, die zeigten, wie sie mit «Leib» und «Seele» um das «Wohlergehen» ihres Sohnes besorgt war – so schützte sie ihn vor raufllustigen Schulkameraden, vor einem strafwütiger Schuldirektor, der in ihm sofort den Sonderling «witterte», doch dies tat sie nur, weil ihr Mann, der an einer Universität westlich von London lehrte, sie nicht nur in sexueller, sondern auch in mancher anderer Hinsicht verhungern ließ. Er ließ sie verhungern, weil er selbst vergeblich nach irgendeiner Art wirklicher Kommunikation mit anderen hungerte. Schuld daran war die akademische Bürokratie, durch die er seine erste weltweite Hungersnot erlebte, eine Hungersnot übrigens, die von den Verwaltungsbeamten der Universität anscheinend kaum wahrgenommen wird, gegen die jedoch radikale Studenten immer heftiger und erfolgreicher protestieren. Nach einigen therapeutischen Sitzungen, in denen sie reichlich zu essen bekam (indem sie sich das, was sie von sich gab, schmecken ließ), begann sie, ihren Sohn immer weniger «aufzuessen». Er ging wieder zur Schule und schloß mit anderen Jungen seine ersten Freundschaften. Einen Monat später sah ich ihn wieder, aber dieses Mal trug er keines der psychiatrischen Stigmata – dieses Mal trug er einen Button mit der Aufschrift «Friß mich, ich schmecke lekker». Das «klinische Problem» war gelöst. Jenseits davon gibt es nur eines: politisches Verhalten.

Ein tibetanischer Mönch, der sich von der Welt schon seit langem in die Einsamkeit und in die Meditation zurückgezogen hatte, begann eine Spinne zu halluzinieren. Diese Spinne erschien ihm jeden Tag, und jedes Mal schien sie ihm größer geworden, bis sie schließlich genauso groß war wie er. Sie hatte so schreckliche Ausmaße angenommen, daß unser Mönch bei seinem Guru um Rat nachsuchte. Dieser empfahl ihm folgendes: «Das nächste Mal, wenn dir die Spinne erscheint, zeichne ihr ein Kreuz auf den Bauch, und wenn du genügend nachgedacht hast, dann stoße ein Messer in die Mitte des Kreuzes.» Am nächsten Tag erschien dem Mönch die Spinne, er markierte das Kreuz und dachte nach. Doch als er soweit war und das Messer in den Bauch der Spinne stoßen wollte, sah er nach unten, und verblüfft entdeckte er, daß er mit dem Kreuz seinen eigenen Nabel markiert hatte. Die Fähigkeit, zwischen den Gegner innen und dem Gegner außen zu unterscheiden, ist also offensichtlich buchstäblich eine Frage auf Leben und Tod.

Familien aber handeln von diesem Innen und Außen.

Familien handeln von Leben oder Tod oder schändlicher Flucht.

Wie sich ungenügend erkannte verinnerlichte Familienstrukturen auswirken, das sehen wir an politischen Demonstrationen, wenn die Demonstranten sich solcher Verinnerlichungen nicht bewußt sind. So kommt es, daß Demonstranten unnötig verletzt werden, weil sie ahnungslos negative, strafende und machtausübende Wesenszüge ihrer Eltern auf Polizisten übertragen. So aber erfolgt der Angriff insofern aus zwei Richtungen, als sie sich nicht nur gegen die Attacke der Polizei, sondern auch gegen den Angriff der «Familienpolizei» in ihren Köpfen verteidigen müssen. Für die Demonstranten, die einem solchen Angriff von zwei Seiten am ehesten zum Opfer fallen, haben Polizei und Obrigkeit bezeichnenderweise einen guten Riecher, so daß jene Demonstranten, die, pflichtschuldig wie sie sind, am schwersten verprügelt werden, später auch zu den härtesten Strafen verurteilt werden. Das revolutionäre Ziel ist, unnötig zu sagen, vergessen worden.

Wenn wir Paranoia nach wie vor in irgendeiner Hinsicht als pathologischen Zustand betrachten wollen, dann sind es meiner Ansicht nach die Polizisten, die Rechtsvertreter und die untereinander einmütigen Politiker der imperialistischen Länder, deren Denken unter Paranoia als soziales Problem leidet. Diese Pechvögel verkörpern unsere projizierten Über-Ichs in einem solchen Ausmaß, daß die von ihnen verinnerlichten selbstbestrafenden Teile unseres Denkens, jede eigenständige menschliche Daseinsform aus ihnen herausgequetscht haben. Doch braucht nicht jedes Mitgefühl, das *wir* für *sie* aufbringen, die effektive Kraft unseres Zorns gegen die in ihnen unwissend verkörperte, reale Verfolgung wirkungslos zu machen – gemeint ist die Verfolgung, die sich sowohl gegen die Dritte Welt in Afrika, Asien und Lateinamerika richtet als auch gegen die unerkannte und sich selbst nicht erkennende Dritte Welt im Herzen der Ersten Welt. Ich werde diese verborgene Dritte Welt später definieren, und möchte hier nur sagen, daß diese Welt schwarz ist (ganz gleich, welcher Farbe sie in Wirklichkeit ist), daß sie hippy ist und daß sie interessiert ist an der lokalen Machtergreifung in Fabriken, Universitäten und Schulen. Diese Dritte Welt hungert nicht *nach* Bildung, sondern *durch* Bildung, sie verletzt die Rauschgiftgesetze, meistens ohne erwischt zu werden, sie weiß, wie man Autos in Brand steckt und wie man Bomben herstellt, die hin und wieder funktionieren. Man versucht sie herabzusetzen, indem man ihr zum Beispiel «infantile Omnipotenz» attestiert, wie es ein Kollege der Psychiatrie mit den Roten Garden der Kulturrevolution tat.

Die Frage, die sich hier stellt, ist jedoch, wie sich diese sogenannte «psychopathologische» Kategorie heute den Amateur-Diagnostikern der Familie und einigen ihrer psychiatrischen Kollegen entziehen kann – sie alle, diese Diagnostiker wie ihre Kollegen, sind so infiziert mit der angsterfüllten Archäo-Ideologie des bourgeoisen Wachhundes, daß sie der Realität dieser Kategorie voller Entsetzen als Schoßhündchen aus dem Weg gehen möchten. Gelänge es den Leuten dieser Kategorie, einer solchen negativen Einflußnahme auszuweichen, so könnten sie dieses Ausweichen, diese «Verirrungen», in einem sozial-revolutionären Kontext wirksam umsetzen, anstatt sie in einer privaten Neurose untergehen zu lassen, die «das System» immer nur bestätigen und endlose, freudlose Spiele mit ihm spielen.

Durch Überlegungen dieser Art entdeckt man, wie sich in einem selbst ächzend und dumpf die zunächst vielleicht ängstliche, in ihrer Absicht freilich schreckenerregende Möglichkeit behauptet: die Möglichkeit der Destrukturierung der Familie durch die volle Erkenntnis ihrer zersetzenden Kraft. Das ist eine Destrukturierung, die, wegen der Durchsichtigkeit, die schließlich den Weg zu ihr weist, so radikal sein wird, daß sie die Revolution der ganzen Gesellschaft erfordert. Allerdings gilt es hier zu unterscheiden zwischen prärevolutionären und postrevolutionären Formen und Möglichkeiten. Konkret ausgedrückt heißt das, daß wir in einem prärevolutionären Rahmen lediglich gewisse vereinzelte Prototypen entwerfen können, die später, in einem postrevolutionären Rahmen, auf einer breiten Massenbasis entwickelt werden mögen.

Fassen wir einige der Faktoren zusammen, die in der Familie – häufig mit tödlichen, immer aber mit verdummenden Folgen – wirksam sind. Später werden wir die Möglichkeiten ihrer Umkehrung ins Gegenteil untersuchen.

Erstens kleben die Leute aneinander, weil sie das Gefühl haben, allein unvollständig zu sein. Ein Musterbeispiel hierfür ist die Mutter, die sich als Einzelperson für unvollkommen hält (Ursache ist eine komplexe Reihe von Gründen, deren wichtigster gewöhnlich die Beziehung der Mutter zu *ihrer* Mutter ist sowie die generelle Unterdrückung der extrafamiliären sozialen Betätigung der Frau). In diesem ganzen kolloiden Familiensystem fesselt sie zum Beispiel ihren Sohn an sich, damit er zu jenem Teil wird, von dem sie glaubt, daß er ihr fehle (d. h. jener Teil, dessen Fehlen ihre Mutter sie «gelehrt» hatte) und zu jenem Teil, der ihr tatsächlich fehlt (auf Grund ihrer objektiven sozialen Unterdrückung). Auch wenn es ihm «gelingen» sollte, sein Elternhaus zu verlassen und zu heiraten, kann es sein, daß der Sohn sich als Person auch nicht weiter entwickelt als die Mutter, weil er sich während der kritischsten Jahre seiner «Formung» als Fortsatz ihres Körpers (er: ihr Penis) und ihres Geistes (er: ihr Geist-Penis oder Ersatz für die ihr sozial vorgeschriebene Unwirksamkeit) begriff. In der extremsten Form dieser Symbiose kann sein einzig möglicher Ausweg in einer Reihe von Handlungen bestehen, die dazu führen, daß man ihn als schizophren kennzeichnet in eine Kopie der Familie, in die Nervenklinik, einweist (ein Prozent der Bevölkerung macht zu irgendeinem Zeitpunkt im Leben diese Erfahrung). Wahrscheinlich die einzige Möglichkeit, sich von der an einer klebenden Familie und von deren Kopien, den sozialen Institutionen, zu befreien, ist die Liebe. Ironischerweise wird jedoch das zu einer solchen Loslösung nötige Maß an Liebe nur erreicht, wenn diese ein gewisses – gewöhnlich als ihr nicht wesenseigen empfundenes – Stadium durchschreitet – das Stadium völliger Achtung vor der eigenen Autonomie und vor der Autonomie aller anderen.

Zweitens spezialisiert sich die Familie auf die Schaffung von Rollen für ihre Mitglieder, anstatt Vorbedingungen zu schaffen für die freie Annahme der Identität jedes ihrer Angehörigen. Ich meine hier nicht

Identität in einem starren, essentialistischen Sinne, sondern ein unabhängiges, verwundertes und höchst aktives Bewußtsein dafür, wer man ist. Bezeichnenderweise wird das Kind in der Familie gewöhnlich mit dem Wunsch indoktriniert, es möge ein bestimmter Sohn oder eine bestimmte Tochter (und später ein bestimmter Ehemann und Vater oder eine bestimmte Ehefrau und Mutter) aus ihm werden, ausgestattet mit einer genau vorgeschriebenen Bewegungs-«Freiheit» im engen Rahmen eines starren Bezugssystems. Anstatt die – gefürchtete – Möglichkeit zu haben, aus einer gewählten und selbst gefundenen Ichmitte heraus zu handeln, also im guten Sinne auf sich *selbst zentriert* zu sein, wird man zur Unterwerfung oder zur Exzentrizität erzogen. «Exzentrisch» in diesem Kontext bedeutet normal oder bedeutet, auf die übliche Weise von der eigenen Ichmitte entfernt zu leben, so daß diese Mitte zu einem vergessenen Bereich wird, aus dem sich nur mehr unsere Traumstimmen an uns wenden, aber in einer Sprache, die wir ebenfalls vergessen haben.
Ein Großteil unseres bewußten Sprachgebrauchs ist kaum mehr als ein blasser, piepsender Abklatsch der seltsamen, dunklertönenden Stimmen unserer Träume und der präreflektiven Formen des Bewußtseins («Unbewußtheit»).
Ein wohlerzogener, exzentrischer, normaler Mensch sein heißt, die ganze Zeit relativ zu anderen leben – so aber entsteht aus der Indoktrination durch die Familie jenes destruktive Spaltungssystem, das bewirkt, daß man im späteren Leben in sozialen Gruppen immer als der eine oder andere Teil einer Dualität funktioniert. Im Grunde haben wir es hier mit einem heimlichen Einverständnis auf dem Parameter Ablehnung/Anerkennung der eigenen Freiheit zu tun. Man lehnt gewisse eigene Möglichkeiten ab, und diese abgelehnten Möglichkeiten deponiert man dann im anderen, während dieser seinerseits Möglichkeiten entgegengesetzter Art in einem selbst deponiert. In der Familie stoßen wir auf die eingebaute Antithese vom Erzieher (Eltern) und vom Erzogenenen (Kinder). Jede Möglichkeit der Kinder, ihre Eltern zu «erziehen», wird abgelehnt. Die sozial auferlegte «Pflicht» der Eltern erstickt schließlich jede Freude, die diese Rollenverteilung zerschlagen könnte. Diese Zwangsstruktur wird später auf jedes andere institutionelle System, an dem die in der Familie erzogene Person teilhat, übertragen (selbstverständlich schließe ich hier Adoptivfamilien und Waisenhäuser mit ein, da sie ja demselben Modell folgen). Einer der traurigsten Anblicke, die ich kenne, ist der eines sechs- oder siebenjährigen Kindes, das unter Aufsicht der Eltern mit einer Schulbank und an Hand eines richtigen Stundenplans Schule spielt, genauso wie es in der Volksschule zugeht. Wie können wir eine solche Abdankung, einen solchen Verzicht in sein Gegenteil verkehren und davon ablassen, das Kind so weit zu bringen, daß es selbst davon abläßt, sein verborgenes Wissen zu lehren,

daß wir das Kind vergessen machen, weil wir selbst vergessen, daß wir es vergessen haben?
Drittens errichtet die Familie in ihrer Funktion als Sozialisator im Kind soziale Kontrollen, bekanntlich mehr, als das Kind benötigt, damit es seinen Weg durch dieses Hindernisrennen findet, vorgezeichnet von den extra-familiären Vermittlern des bourgeoisen Staates, nämlich von der Polizei, den Verwaltungsbeamten der Universität, den Psychiatern, Sozialarbeitern oder der späteren «eigenen» Familie, die das Modell der Familie des Kindes passiv kopieren – obgleich die Fernsehprogramme heutzutage natürlich etwas anders geartet sind. Dem Kind wird in der Tat primär beigebracht, nicht in der Gesellschaft zu überleben, sondern sich ihr zu unterwerfen. Oberflächenrituale wie zum Beispiel gute Umgangsformen, organisierte Spiele, mechanische Lernvorrichtungen in der Schule ersetzen die tiefgreifenden Erfahrungen spontaner Kreativität, erfinderischen Spiels, frei sich entfaltender Phantasien und Träume. Diese Lebensformen müssen systematisch unterdrückt, vergessen und durch Oberflächenrituale ersetzt werden. Wahrscheinlich bedarf es einer Therapie im besten Sinne, um eigenes Erleben so weit wieder aufzuwerten, daß man die eigenen Träume wieder richtig registriert und daß man seine Träume konsequent über den Punkt der Traumstagnation hinausführt, den die meisten Leute schon im Alter von noch nicht zehn erreichen. Geschieht dies in einem genügend breiten Rahmen, so wird die Therapie zu einem gefährlichen und äußerst subversiven Mittel gegen den bourgeoisen Staat, weil sie völlig neue Formen sozialen Lebens aufzeigt.
An dieser Stelle sei im Augenblick nur noch gesagt, daß jedes Kind, noch bevor die Indoktrination durch seine Familie einen bestimmten Punkt überschritten hat und die Indoktrination durch die Volksschule einsetzt, seinem Wesen nach ein Künstler, ein Visionär und ein Revolutionär ist. Wie können wir dieses verlorengegangene Potential wiedergewinnen, wie können wir auf diesem unerbittlichen Marschweg vom wahrhaft *lachfreudigen* Spiel, das seine eigenen freien Regeln erfindet, zum wirklich *lächerlichen*, das heißt zum normalen Spielespielen, zum sozialen Verhalten, anhalten und umkehren?
Viertens – und auch diesen Punkt werden wir in späteren Kapiteln durchleuchten – gibt es ein ausgeklügeltes Tabusystem, das jedem Kind von seiner Familie eingeprägt wird. Erreicht wird dies, wie die Anerziehung sozialer Kontrollen überhaupt, durch die Einpflanzung von Schuldgefühlen – das Schwert des Damokles, das auf jeden herabstürzen wird, der seine eigene Wahl und seine eigenen Erfahrungen jenen vorzieht, die einem von der Familie und der weiteren Gesellschaft auferlegt werden. Wenn man hinreichend kopflos handelt und diese Pflichtsysteme offen mißachtet, wird man, sinnbildlich gesprochen, sofort um einen Kopf kürzer gemacht! Der «Kastrationskomplex», weit

davon entfernt, eine krankhafte Erscheinung zu sein, ist für die bourgeoise Gesellschaft eine soziale Notwendigkeit, und erst wenn Leute befürchten müssen, ihn zu *verlieren*, begeben sich viele unter ihnen bestürzt in therapeutische Behandlung – oder sie erfinden eine neue Form von Revolution.

Das Tabusystem, das die Familie lehrt, reicht weit über die offenkundigen Inzesttabus hinaus. So gibt es zum Beispiel eine Beschränkung der sensorischen, zwischenmenschlichen Kommunikationsweisen aufs Audio-Visuelle, und ausgeprägte Tabus richten sich gegen das Berühren, Beriechen oder Beschmecken der Familienmitglieder untereinander. Kinder mögen mit ihren Eltern noch so herumtoben, aber die erogenen Zonen beider Teile werden dabei immer tabu sein. Was für einen linkischen, gespreizten und schiefen Eindruck es doch macht, wenn zum Beispiel heranwachsende Söhne ihre Mütter küssen! Jeder in der Familie hat das Gefühl, daß transsexuelles Umarmen und Drücken nur allzu rasch in eine Zone «gefährlicher» Sexualität abtreiben kann. Dieses Tabusystem wendet sich vor allem gegen Zärtlichkeiten, ein Komplex, den Ian Suttie (in *Origins of Love and Hate*) ausgezeichnet beschrieben hat. Zärtlichkeit darf in der Familie empfunden werden, gewiß, aber ausgedrückt werden darf sie erst, wenn sie zu einem Fast-Nichts formalisiert worden ist. In diesem Zusammenhang sei an jenen jungen Mann erinnert, von dem Grace Stuart* erzählt, er hätte, als er seinen Vater im Sarg liegen sah, sich über ihn gebeugt, ihn auf die Stirn geküßt und gesagt: «Da, Vater, das habe ich zeit meines Lebens nicht gewagt!» Wenn wir erkennen würden, wie tot «lebendige» Menschen sind, wären wir, angestachelt von Verzweiflung, vielleicht eher bereit, mehr zu riskieren.

In diesem ganzen Kapitel habe ich notgedrungen eine Sprache gebraucht, die ich archaisch und im wesentlichen reaktionär finde und die mir in völligem Widerspruch zu meinem Denken zu stehen scheint. Begriffe aus der Familie nämlich wie zum Beispiel Mutter, Vater, Kind (im Sinne von «ihr» Kind) und Über-Ich. Die Nebenbedeutung des Wortes «Mutter» verweist uns auf eine Reihe biologischer Funktionen, in erster Linie Beschützerfunktionen, auf eine sozial überdefinierte Rolle und auf eine gewisse legale «Realität». In der Tat kann die Funktion der Mutter unter andere Leute aufgeteilt werden – auf den Vater, die Geschwister und vor allem auf andere Leute außerhalb der biologisch gruppierten Familie.

Wir brauchen keine Mütter und Väter mehr. Wir brauchen nur noch bemuttert und bevatert zu werden.

In meinen Augen ist es unsinnig, komplexe, wenn auch verständliche, soziale Beziehungen auf zufällige und umständebedingte biologische Tatsachen zurückführen zu wollen, die einfach nur Tatsachen sind, die Handlungen vorausgehen, denn diese Handlungen sind doch erst echte

Sozialität. Ich erinnere mich an eine Doppelsitzung mit einer Mutter und ihrer Tochter. An einem bestimmten Punkt erklärte mir die Mutter mit tiefer Trauer und nicht geringem Mut, sie habe das neiderfüllte Gefühl, einen schweren und empfindlichen Verlust zu erleiden, als sie entdeckte, daß der Therapeut nun weit mehr Mutter ihrer Tochter war als sie selbst. Die Grenze zwischen einer «Übertragungs»-Beziehung und einer «wirklichen» Beziehung kann und sollte, glaube ich, nie so klar gezogen sein. Es dreht sich hier darum, einer notwendigen Ambiguität Raum zu lassen, verbunden mit dem nötigen Vermögen, zu differenzieren zwischen der projizierten (verändernden) Vorstellung und der unveränderten Wahrnehmung des anderen.

Trotz dieses Grolls gegen die Sprache, die man benutzen muß, werde ich an dieser Stelle keiner neuen Sprache das Wort reden, sondern lediglich die Einfältigkeit und Gefährlichkeit des Fetischs der Blutsverwandtschaft anprangern.

Blut ist nur insofern dickflüssiger als Wasser, als es für eine gewisse soziale Dummheit der lebenspendende Quell ist.

Die Familie, mangels ihrer Fähigkeit heilige Idioten hervorzubringen, wird schwachsinnig.

Die Topographie der Liebe

Ich glaube, bei unserer Unterhaltung über die Familie und Ehe müssen wir der Sprache listige Streiche spielen, bis wir schließlich in uns selbst ein gewisses Schwindelgefühl erzeugt haben, durch das die Worte, von denen wir fälschlicherweise annehmen, sie vermittelten Wissen, ihre offenkundige Bedeutung einbüßen, so daß am Ende eine aufrichtigere Unterhaltung möglich ist – hier ist letztlich die Erfindung einer neuen Sprache impliziert, einer Sprache, die nicht nur gesprochen und geschrieben zu sein braucht.* In der Zukunft, glaube ich, werden nie wieder Bücher geschrieben werden, sondern Bücher werden *getan* werden, so daß sich die abgedroschene Metapher vom Schreiben als Akt buchstäblich bewahrheiten wird.

Jede verbale Sprache ist in einer Weise trügerisch wie es nicht-verbale Kommunikation nicht ist. Die Last der übernommenen Bedeutung von Wörtern wiegt wesentlich schwerer als zum Beispiel die von paralinguistischen und kinetischen Ausdrucksweisen, wo Rituale nur bis unter die Oberfläche dringen; außerdem haben wir es hier mit einer doppelten Übernahme zu tun: Das Wort erfährt seine Bedeutung erstens aus vergangenem, angesammeltem Wortsinn und zweitens aus seiner jeweiligen syntaktischen Entfaltung durch den Schreibenden oder Sprechenden.

Deshalb wollen wir Wörter überlisten, um nicht selbst von ihnen überlistet zu werden. Wie es mit allen institutionalisierten Systemen der Fall ist, heißt es auch hier, dem Spiel des Systems ein Gegen-Spiel entgegensetzen – erstens, um ihm persönlich auszuweichen, und zweitens, um es im historischen Sinne zu transzendieren. In unserem Gespräch über die Topographie der Liebe – gemeint ist die Frage, wo die Liebe heute steht, woran die Liebe heute ist – möchte ich mir deshalb jetzt, als paradigmatischen Fall, das Wort «Ehe» vornehmen.

Abgesehen von ihrer offenkundigen, legalen und gesellschaftsvertraglichen Bedeutung kann Ehe jeder Art eine mehr oder weniger dauernde, gesellschaftlich objektivierte Verbindung zwischen zwei personalen Einheiten bedeuten. Wenn wir gelten lassen, daß jeder von uns eine Welt aus anderen mit sich herumträgt, wobei diese anderen weder ganz *sie* noch ganz *wir* sind, so können wir uns ohne weiteres die Möglichkeit einer ehelichen Verbindung *innerhalb einer Person* vorstellen. Wenn wir uns mit der Tradition der phänomenologischen Erforschung menschlicher Erfahrung befassen, stoßen wir – besonders im Werk Husserls und Sartres – auf die Definition der Intentionalität. Jedes Vorausgegebene einer Erfahrung, auftretend als denkendes, fühlendes oder strebendes Moment, ist *von* etwas, ist auf ein Ziel zu, das sowohl konstituiert als auch konstituiert wird von der anfänglichen Bewegung im Bewußtsein einer unitären und sich selbst vereinheitlichenden Entität

in der Welt.
An diesem Punkt müssen wir abschweifen, weil wir nicht über Ehe sprechen können, ohne über Liebe gesprochen zu haben, und weil wir nicht über Liebe sprechen können, ohne über Instinkt gesprochen zu haben. Wahrscheinlich die zweifelhafteste und unklarste verbale Entität der psychoanalytischen Literatur ist der Begriff «Instinkt» oder, schlimmer noch, der sogenannte «instinktive Trieb». Bislang war die Verwendung dieses Begriffs kaum mehr als ein trügerisches Hilfsmittel des theoretischen Schrifttums, etwas, das dieses Schrifttum leider erst möglich gemacht hat, wo ein historischer Akt des Abwartens und Schweigens vielleicht angemessener gewesen wäre. In seinem ganzen Verwendungsbereich ist dieser Begriff ein gewaltsamer Einbruch der reinen Abstraktion in fast jede konkrete Erfahrung aus Wunsch und Bedürfnis. Meinem Dafürhalten nach könnte das Wort «Instinkt» in einer Einheit aufgehen, die zu Unrecht aufgesplittert worden ist – allerdings ist es in diesem Gespräch, so wie es geführt werden muß, unmöglich, mehr als diesen Splitter zu reflektieren.
Wenn wir von dem instinktiven Wunsch nach einer guten Mahlzeit sprechen, sprechen wir von etwas, das von nichts kommt. Etwas kann von nichts kommen, wenn dieses Nichts ein besonderes Nichts ist. In unserem Fall ist die Besonderheit dieses Nichts seine Definition durch die Welt als Nichtvorhandensein, als Mangel, als etwas, das nicht hier ist. Die Welt umfaßt hier bestimmte eßbare Objekte; die Entfernung und die Hindernisse zwischen uns und diesen Objekten und unseren Körpern als Objekte in der Welt, die von anderen wahrgenommen werden können; die vom Hunger ausgelösten Kontraktionen unseres Magens; die neuro-chemischen Veränderungen, die im Hungerzustand zu registrieren sind usw. Es ist wie das Beispiel vom Finger, den man über die Tischplatte führt, um ihn dann, am Tischrand, ins «Nichts» fallen zu lassen. Dieser Rand ist weder der Tisch noch jenes «Nichts», in das der Finger fällt; sondern sowohl der Tisch, der etwas ist, als auch dieses Nichts, das nichts ist, definieren diesen Rand als nicht-existent, aber als eine besondere Art von Nicht-Existenz. Wenn es uns gelingt, unsere metaphysische Imagination bis zu dem Punkt einer Desubstanzialisierung unseres Fingers zu bemühen, so daß dieser zum Nicht-Finger wird, kommen wir der Frage, was Instinkt «ist», schon näher.
Doch jetzt heißt es weitergehen und, ich glaube, weitergehen in folgende Richtung: Es gibt, so möchte ich behaupten, der *Erfahrung nach*, keinen logisch zu rechtfertigenden und ganz gewiß keinen realen Unterschied (es sei denn, wir begännen uns in bezug auf unsere Erfahrung analytisch und fragmentierend zu verhalten) zwischen dem «instinktiven Trieb» und seinem Objekt. Wie ich bereits sagte, verrät schon die Sprache, die man hier benutzen muß, diese Erkenntnis; deshalb sei an dieser Stelle nur folgendes gesagt: Der instinktive Trieb, der uns zu

einer kräftigen Mahlzeit treibt, *ist nichts weniger als diese Mahlzeit selbst in ihrer vollen Bedeutung.* Wie wir sehen werden, gilt dies, den Begriffen nach, für eine falsche Antithese von «beidem», nämlich dem «äußeren» Essen auf unserem Teller «und» der «inneren» stillenden Brust (was natürlich nur eine Möglichkeit ist, um zahllose appetitbefriedigende Bilder zu formulieren). Der Begriff «Triebbefriedigung» meint lediglich das miteinander verschmelzende Bewußtsein vom inneren und äußeren Objekt; das aber wiederum bedeutet eine entscheidende Auflösung der erfahrenen Begrenzung des eigenen Ich.

Unbefriedigter Trieb ist die Erfahrung, sich auf der Grenze des eigenen Ich die Waage zu halten, erschrecken über die Unsicherheit dieser Lage, aber mehr noch unfähig, die Sicherheit eines klar empfundenen Ichbewußtseins aufzugeben.

In dieser Unterhaltung über das Thema «Trieb» habe ich ganz bewußt zunächst eine orale Situation gewählt, da eine genital-sexuelle Triebsituation irreführen und zu einfach erscheinen könnte. Es ist heute üblich, von der Todeserfahrung im Orgasmus und vom Verlust der Ichbegrenztheit in diesem «Zustand» zu sprechen. Die Bedrohung durch Triebbefriedigung fällt, glaube ich, beim oralen Fall stärker auf. Diese Bedrohung nimmt die ihr eigenen Ausmaße deshalb an, weil sie natürlich ein ontologisches Äußerstes ist. Triebbefriedigung meint in jedem Fall das Zusammenbrechen von Ichbegrenztheit und wird so zu einem Äquivalent für Wahnsinn, wenn nicht der Wahnsinn «selbst». Wenn wir also zu einem grundlegenden Verständnis der Repression in der Gesellschaft gelangen wollen, müssen wir Repression als eine kollektiv verstärkte und institutionell formalisierte Panik vor dem Wahnsinnigwerden betrachten, vor der Invasion des Außen durch das Innen und des Innen durch das Außen, vor dem Verlust der Illusion vom eigenen Ich.

Gesetze sind in Worte gekleideter Terror.

Wegen des Terrors müssen die Worte aller persönlichen Bezüge beraubt werden.

Wegen des Terrors richtet jeder, der keiner ist, keinen, der jeder sein könnte.

Wegen der abstrakten Natur des Urteils wird auch das Verbrechen abstrakt, so, daß Gerichte und Gefängnisse und alle anderen Institutionen weitermachen können. So, daß alles, was bleibt, Leiden ist – Leiden von niemandem über nichts. Die Nichtlokalisierbarkeit dieses Leidens ist es, woran wir leiden. Das gilt für uns alle. Für alle Richter und alle ihre Opfer. Das tatsächliche Leiden der bestraften Person ist ein willkürliches *fait gratuit*, hineingeworfen in die Welt, um ein ätherisches System mit falscher Materialität auszustatten.

Der bourgeoise Staat ist ein Beruhigungsmittel mit tödlichen Nebenwirkungen.

Wir haben unser sozio-historisches Verständnis vom Wesen der Repression auf beeindruckende Weise entwickelt; nun heißt es, ausgehend von einer Verwirklichung seiner ontologischen Infrastruktur*, reflektieren und handeln.

Verweilen wir noch etwas bei unserem oralen Fall und wenden wir uns Phänomenen zu wie der vom Säugling halluzinierten stillenden Brust und anderen Zwischenzielen. Gewöhnlich wird geglaubt, daß es sich hierbei um eine Art widerwillige und halb protestierende Bewegung hin zur «Realität» handelt. Natürlich kommt man (vielleicht mit «analytischer Unterstützung») über solche Dinge hinweg, so daß sie sich schließlich dem Rest unseres «eingelösten» unbewußten Gepäcks in der Gepäckablage unseres Geistes hinzugesellen. Doch was, wenn dieser Protest weniger halbherzig artikuliert wird und wenn wir aufhören, die Konfliktlösung gleichzusetzen mit entsprechender sozialer Anpassung? Was, wenn die halluzinierte stillende Brust der Versuch ist, eine transpersonale Identität von Innen und Außen aufrechtzuerhalten, diesen einzig geglückten Wahnsinnsmoment, den die meisten von uns erleben und den sie ganz schnell wieder aus den Augen verlieren müssen? Was, wenn der Zipfel des Lumpens, an dem das kleine Mädchen lutscht, wirklicher ist als die Brust seiner Mutter (das «ist» die Brust, an der es *nicht mehr* saugt) oder die verinnerlichte stillende Brust, die das Mädchen auf den Lumpen überträgt? Können wir uns nicht ein Bewußtsein vorstellen, wo der Lumpen, als das, was er faktisch ist, also weder subjektiv noch objektiv, also als Innen-wie-außen-stillende-Brust, an erster Stelle steht? Anders ausgedrückt heißt das, daß sich die Suche des kleinen Mädchens nach dem richtigen Zipfel des Lumpens weder in dem kleinen Mädchen abspielen muß, noch zwischen ihm und dem Lumpen, noch sonst irgendwo in der Welt, sondern ganz allein in dem Lumpen selbst. Der Lumpen selbst wird zwar vom Kind zum Brustersatz erkoren, aber das ist insofern eine unrichtige Hermeneutik, als es sich dabei um eine nicht-wechselseitige Erklärung handelt, die zunächst einmal nur den Erklärenden tröstet (obgleich natürlich das Kind, wie dies bei einem Großteil allzu interpretativer Psychotherapie der Fall ist, in dem Gefühl einen gewissen Trost finden kann, daß wenigstens der Erklärende sich selbst etwas erklärt). So gesehen ist die Welt voller wunderbarer Objekte, die der Person, welche Wunder wirkt oder miterlebt, vorausgehen. Der Mensch, der von Magie redet, ist überflüssig.

Einzig springender Punkt am Geborensein ist die Entdeckung, daß «man» bereits gewesen ist.

Einzig springender Punkt am Sterben ist, daß man *diese* Tatsache der eigenen Geburt erfährt.

Dieser Punkt ist der geometrische Punkt.

Geometrie aber ist harte Arbeit.

Wenden wir uns nun, nach diesen Überlegungen über die Beziehung des

Innen zum Außen und die beider zu dem, was keines von beiden ist, wieder der Liebe und Ehe zu – vorausgesetzt, wir können dieses besondere Zusammentreffen zweier Begriffe eine Zeitlang ertragen.
Von einem teils angenommenen, teils gewählten Ort in der Welt muß man durch die eigene Familie hindurchschauen, hinein in die einladende, aber auch etwas trübe Welt anderer Leute außerhalb. Man muß hindurchschauen durch die Ehe der eigenen Eltern und, in gewisser Hinsicht, auch durch den eigenen Zustand eines mit ihrer Ehe Verheiratetseins, sowie durch die eigene Ehe mit unseren beiden Elternteilen. Dasselbe gilt für unsere Ehe mit jedem unserer Geschwister und jeder «anderen wichtigen Person» (und gilt auch für deren Ehe mit einem selbst, da Ehe ja völlig nicht-wechselseitig sein kann – man kann sich mit jemandem verheiratet fühlen, der sich selbst mit einem nicht verheiratet fühlt). Bevor man also mit anderen Leuten außerhalb der Welt der eigenen Familie irgendeine eheliche Beziehung eingeht, muß man mit all jenen Leuten eine ganze Menge mehr oder minder totaler Scheidungsprozesse ins Werk setzen. So kann es vorkommen, daß man sich schließlich von einem seiner Elternteile scheiden läßt oder daß man sich scheiden läßt von der eigenen Verliebtheit in ihre Ehe – und so fort durch die Reihen der eigenen Geschwister, der Verwandten und der «wichtigen anderen».
Hat man diesen Prozeß mehr oder minder erfolgreich hinter sich gebracht, ist man am Schluß allein gelassen, bereit, der Möglichkeit einer Ehe ins Auge zu blicken – doch natürlich auch in diesem Fall einer Ehe mit jemand anderem von außerhalb des Systems, aber zweifellos innerhalb seines eigenen vergleichbaren, wenn nicht identischen Systems.
Wenn man schließlich endlose Wiederholungen dessen, was man bereits hinter sich gebracht hat, vermeidet und statt dessen an Stelle der ursprünglichen anderen Leute (d. h. der sogar weniger ursprünglichen anderen der eigenen Familie) neue (d. h. nicht-ursprüngliche andere Leute) benutzt, mag man sich vielleicht zu einer Rückkehr zu sich selbst entschließen – um dann zu sehen, was für eine Beziehung man zu sich selbst unterhalten möchte. Weiter auf diesem Weg kann man sich selbst ehelichen oder sich noch mehr von sich scheiden lassen, und vielleicht stellt sich heraus, daß Scheidung und Entfremdung von sich selbst nicht ganz dasselbe sind. So geht man sich selbst nach und erreicht einen Punkt, an dem man sich entweder so sehr haßt, daß man das Schema aus halbherzigem Denken und Leben wiederholt oder man liebt sich nun hinreichend nach all diesen Scheidungen von allen anderen halb-verheirateten, halb-geschiedenen Leuten, die man in sich herumtrug, um sich in aller Fülle selbst zu treffen und zu entscheiden, was man, wenn überhaupt mit sich selbst, in Relation zu all diesen anderen Beziehungsmöglichkeiten, anfangen will.

Hierbei mag man einen Grad von «Narzißmus» erreichen, der genügt, um jene «psychopathologische» Kategorie neu zu bewerten, und zwar in Richtung auf die Einsicht, daß man niemals eine andere Person wird lieben können, ehe man nicht sich selbst genügend liebt – das gilt auf jeder Ebene, einschließlich der einer richtigen (also voll orgastischen) Masturbation, das heißt, daß man zumindest einmal mit Freude masturbiert.
Ohne eine ausreichend sichere Basis an Selbstliebe repetitiert man unvermeidlich immer wieder diese Unmenge aus eingeimpften Schuldgefühlen in den eigenen Beziehungen zu anderen. Anfang dieses Jahrhunderts erhielten in England die Belegschaften von Nervenkliniken lange Listen, die die Ursachen von Geisteskrankheiten aufzählten. Auf diesen Listen an führender Stelle stand die Onanie. Der Fortschritt einer liberalen Psychiatrie ließ diese Diagnose lächerlich erscheinen, aber nur scheinbar, denn eine Lüge hat hier ganz simpel eine andere Lüge ersetzt. Natürlich werden auch heute noch Leute durch Masturbation zum Wahnsinn getrieben, sobald man nämlich in ihr eine Form der Sexualität erblickt, die die Familie, auf deren Gründung man sich vorbereiten muß, verneint und sobald man die Masturbation als eine Ablehnung des gesellschaftlich gewünschten Verlusts von sich selbst in ein Anderssein hinein betrachtet – vor allem aber, sobald man *richtig* masturbiert, das heißt im Sinne einer grenzenlosen Erforschung des eigenen Körpers, einschließlich jeder Form eines anti-sozialen Rückzugs, den diese Anti-Epistemologie des fleischlichen Wissens von sich selbst (dem Selbst, das sich erst dann dem anderen zuwendet, wenn es bereit dazu ist) nach sich ziehen mag.
Ich halte es an dieser Stelle für angebracht, zwischen zwei Arten von Liebesbeziehungen zu unterscheiden, in der Hoffnung allerdings, daß diese beiden immer wieder ineinander aufgehen. Bei der einen Art von Liebesbeziehung handelt es sich um ein Verhältnis, in dem der Partner es dem anderen ermöglicht, sich selbst genügend zu lieben, um so die Vorbedingungen für eine Weiterentwicklung der Beziehung zu schaffen. Dabei dreht es sich durchwegs darum, das *nette* und *wohlwollende* Verhalten des anderen sich selbst gegenüber nicht zu stören. Die Banalität dieser Feststellung grenzt schon an emotionale Idiotie, aber vielleicht müssen wir emotionale Idioten werden, voller Achtung vor diesem Bedürfnis nach Selbstliebe in einem selbst und dann im anderen. Ich habe die Erfahrung gemacht, daß gute Gruppenarbeit unmöglich ist, solange sich als Voraussetzung nicht die Möglichkeit katalysieren läßt, einander liebenswürdig und wohlwollend zu begegnen. Das aber braucht immer Zeit und erfordert Arbeit. Doch um zu lieben, müssen wir vielleicht die Desillusion über die Liebe ausschwitzen.
Versuchen wir, dies in etwas andere Begriffe zu fassen.
Warum spielen wir in diesem Kontext nicht ernsthaft mit dem System?

Sprechen wir doch über die Ehe wie über etwas Reales, wie über eine Verbindung zwischen Leuten oder zwischen Leuten und ihrem Gegenteil. So gesehen sind wir erstaunlich polygam. Was wir bedeutsamerweise allzu leicht übersehen, ist die geheime und geheimgehaltene Ehe, die wir mit uns selbst führen. Die Konstellation in uns sieht danach ungefähr folgendermaßen aus:
Gewöhnlich ist es so, daß sich das Ich inner- und außerhalb seines Denkens unsicher durch die Welt der Familie hindurchtastet, um später in die Welt außerhalb der Familie hineinzustolpern. Die Welt außerhalb der Familie, so entdeckt das Ich, versucht die Welt der Familie, die es zuvor an sich erfahren hat, so stark wie möglich zu imitieren, genauso wie die Welt der Familie die Welt außerhalb so stark wie möglich zu imitieren versucht. Zwischen den beiden scheint es also keinen nennenswerten Unterschied zu geben, solange das Ich, die Einzelperson, nicht

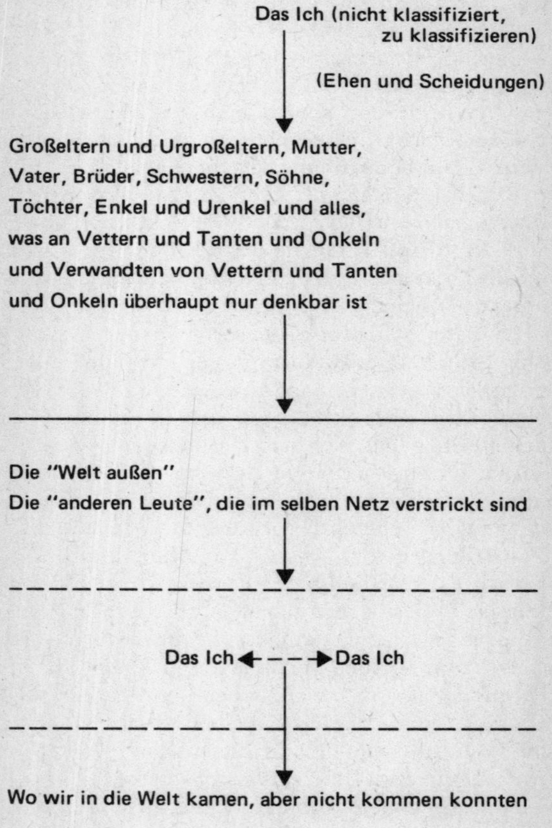

einen solchen Unterschied erfindet. Wenn das Ich dies erkennt, wenn es erkennt, daß das Wesentliche an einer langweiligen Person die Tatsache ist, daß sie nicht einmal in ihrer Imagination die beschränkten Horizonte ihrer Familie durchbrochen hat und daß sie dieses restriktive System außerhalb der Familie wiederholt oder insgeheim akzeptiert, daß, kurz gesagt, *eine langweilige Person sein heißt, eine Familien-Person sein, eine Person, die das Primat ihrer Existenz in der Spiegelung und nicht im Gespiegelten entdeckt* – dann kann diese Person dorthin zurückkehren, wo sie anfing, und versuchen, sich selbst zu begegnen, sich selbst zu hofieren und sich selbst zu ehelichen.

Wenn die Person zu ihrem Ich zurückkehrt, wird sich ihre Sehweise natürlich in aufeinanderfolgenden Brechungen durch andere verzerren – dies geschieht zunächst außer- und dann innerhalb ihrer Familie und die ganze Zeit durch die anderen sowohl inner- wie auch außerhalb ihres Denkens (doch wird ein Differenzierungsvermögen, wenn nicht gar ein definierendes Bewußtsein immer vorhanden sein). Ist dieses Ziel schließlich erreicht, dann begegnet das Ich in einer verlassenen Innenwelt sich selbst – alle anderen sind durch die Strahlungseffekte seines Geistes zusammengeschrumpft und verkümmert, und nun zieht das Ich allein durch dieses öde Land und nährt sich von dem Stein, an dem es lutscht, und von der Asche, die seine Poren als Nahrung aufnehmen.

Und wenn diesem Ich später eine Oase fehlt, wird es sich diese selbst schaffen mit den Tränen, die es vergießt zwischen den Hügeln seines Sandes. Dann aber könnte es vielleicht einen anderen auffordern, zu ihm zu kommen, damit dieser von ihm versorgt und gestärkt werde.

Doch immer wird dieses Ich in seiner Wüste bleiben, denn das ist seine Freiheit.

Wenn es aber eines Tages seiner Freiheit nicht mehr bedarf, dann ist auch das seine Freiheit.

Die Wüste aber bleibt in jedem Fall.

Wenn wir versuchen, die Liebe als soziales Faktum zu betrachten, begegnen wir in diesem ganzen Reaktionsbereich einer beherrschenden sozialen Reaktion: der Haßreaktion. Das Auftreten der Liebe untergräbt jede wirksame soziale Regelung unseres Lebens. Liebe ist nicht nur statistisch abnormal, nein, sie ist gefährlich, so gefährlich, daß sie sogar jenen aseptischen Schild durchdringen könnte, den jeder von uns um sich selbst von anderen errichten läßt. Wir werden gesellschaftlich so konditioniert, daß wir nicht Liebe erwarten und brauchen, sondern Sicherheit. Sicherheit aber meint die volle und ständig verstärkte Anerkennung der Familie. Ein Mann heiratet eine Frau, die er nie verlassen wird, und weil sie weiß, daß er sie nie verlassen wird, wird sie ihn nie verlassen. Sie anerkennt die Bedingtheit ihrer Situation, weil sie insofern zum Opfer einer eingebauten sozialen Bestechung wird, als ihr Mann sich nur dann gegen dieses konditionale System entscheiden kann, wenn er, als der offenkundige Initiator der ganzen Szene, Schuld auf sich nimmt, die für ihn tödlich oder fast tödlich sein kann. So leidet er denn, dieser arme Mann – zumindest so lange, bis er schließlich kapiert und den Größenwahn durchschaut, der ihm so geschickt anerzogen worden ist, und bis er die eigene Schuldtilgung an seiner Fähigkeit mißt, sich endlos schuldig zu fühlen und sich mit dieser fremden Schuld zu quälen.

Einmal erzählte mir ein Mann, ein Spätdreißiger, verheiratet und Vater von vier Kindern, folgende Geschichte. Eines Nachts, er stand nicht unter dem Einfluß von Alkohol oder Drogen, erwachte er plötzlich, um drei Uhr früh, aus einem traumlosen Schlaf, und er erlebte die alarmierende Erkenntnis dessen, was er für den Sinn seines ganzen Lebens hielt. Zuerst kam es ihm vor wie ein leichtes, allmähliches Verschlicken des Blutes in den kleinen Gefäßen an seinen Körperextremitäten. Es begann unter seinen Finger- und Zehennägeln, in seinen Ohrläppchen und in seiner Nasenspitze. Aber allmählich wurde daraus ein verhängnisvolles Gerinnen des Blutes in allen größeren Blutgefäßen seines Körpers. Er spürte, wie er diesem Erlebnis jederzeit durch seine eigene körperliche Auflösung ein Ende hätte bereiten können – indem er davongeflogen wäre, fort von seinen Fingerspitzen, fort von seiner Nase. Die Kapillaren in seinem Gehirn füllten sich mit gerinnendem Blut, und seine kortikalen Neuronen starben eine nach der anderen, bis sie schließlich kaum mehr ausreichten, um sein Herz in Gang zu halten. Dann gerann auch das Blut in den Koronararterien, sein Herz hörte auf zu schlagen und starb, um dann, in einer gewaltigen galaktischen Ejakulation, die sich in den ganzen Kosmos hinein entfaltete, zu zerbersten. In diesem Augenblick seiner universalen Zersprengung erlebte er ein Dahinschmelzen allen Ärgers und aller Bitterkeit, die er je empfunden hatte. Alles war reine Liebe und, über diese Liebe hinaus, Mitleid. Endlich hatte er die Erfahrung von Tod und Wiedergeburt gemacht, endlich wußte er, was das war – Mitleid; nun brauchte es keine wirklich wichtigen Probleme mehr zwischen ihm und seiner Frau zu geben, glaubte er.

Aber wie *sie* ihn für diese Erfahrung, die er ihr anvertraut hatte, haßte. Und wie recht sie hatte. Denn schließlich: das soziale Kollektiv existiert, und solange wir seine Existenz als Kollektiv brauchen, werden wir auch Familien brauchen, die Liebe als subversiv für Sicherheit und Normalität definieren. Deshalb aber werden in diesem Spiel alle nur möglichen Register gezogen.

Die Tragödie in diesem Fall lag am Verheiratetsein und daran, daß die beiden Partner ihre Beziehung nicht aus sich selbst heraus definiert hatten (dann wäre eine solche indiskrete, persönliche Enthüllung möglich gewesen), sondern von außen her in einer Weise, die das Aussprechen von Wahrheit verbietet – oder «alles geht in die Brüche».

Aber sogar wenn das der Fall ist, ist es doch nie der Fall.
Auf fast naive Weise finde ich es immer befremdend und ironisch, daß die Leute es nicht wagen können, *ihre* Wahrheit auszusprechen, wie sehr ihre Sicht der Wahrheit auch verzerrt sein mag – ich meine ihre Wahrheit in der Ehe in jedwedem Sinne dieses Begriffs, ganz gleich, ob sie nun legalisiert ist oder sich aufrichtiger auf Verständigung und Verständnis zwischen zwei Leuten stützt, die zusammen lieben wollen, sei es nun mit anderen oder ohne andere (z. B. Kinder). Statt dessen wenden sich die Leute viel lieber an diese so stark stereotypisierte, komplexe Erscheinung, den Psychotherapeuten, den man stundenweise bezahlt – und der seiner ganzen Natur nach einer Prostituierten vergleichbar ist (er ist alles für jeden), aber häufig ohne die Aufrichtigkeit, seinen Beruf so einzustufen – der Therapeut, dem man, wenn auch nicht zu optimistisch, seine Erfahrungen anvertrauen kann, wenn es um Tod und Wiedergeburt geht.
In bezug auf «Probleme» wie Narzißmus und Homosexualität scheint mir die psychoanalytische Theorie mit puritanischen Zweifeln überbürdet zu sein.
Ich glaube, wir können diesen komplexen Bereich auf eine sehr einfache Formel bringen, die nicht länger impliziert zu werden braucht, sondern direkt formuliert werden sollte.
Man darf nicht mehr glauben, man liebte einen anderen Menschen, solange man unfähig ist, sich selbst hinreichend zu lieben. Diese Selbstliebe meint hier die Entwicklung eines umfassenden Bewußtseins vom eigenen Körper – das heißt die effektive Erfahrung seiner äußeren Falten und Mulden, seiner Fülle und seiner dunklen und lichten Zonen –, aber auch das tiefgreifende Erlebnis des eigenen Körperinneren: Wir müssen uns bewußt werden der Fluktuationen in unserer Darmmuskulatur, des Geräuschs des uretralen Tröpfelns in unserer Blase, des Bluts in jeder Kammer unseres Herzens. Haben wir so, Physiologen nicht unähnlich, unseren eigenen Körper erforscht, dann können wir mit einer Quasi-Objektivität seine Auftrennung in Sektionen rückgängig machen und eine Haltung verwirklichen, die Selbstliebe heißt. Wir müssen genügend gründlich in die volle erektil-ejakulatorische Empfindung der eigenen Klitoris oder des eigenen Penis eindringen.
Bevor wir jemand anderen lieben können, müssen wir uns selbst genügend lieben. Bevor wir jemand anderen des anderen Geschlechts lieben können, müssen wir fähig sein, jemand anderen des eigenen Geschlechts «genügend» zu lieben. Ob man dabei seine Homosexualität nun verwirklicht oder nicht, ist unwichtig – nicht unwichtig dagegen ist, daß man ihr Eindringen und Auftauchen in den eigenen Phantasien* und Träumen erkennt und anerkennt – sogar in jenen Phantasien, die der Mann mit der Frau erlebt, die er liebt und (was wegen der vorherrschenden Unterdrückung der ausgelebten Sexualität der Frau noch wichtiger

ist) in den Phantasien, die die Frau mit dem Mann erlebt, den sie liebt. In der Tat sind Narzißmus und Homosexualität keine schlimmeren Krankheiten oder fixierte Entwicklungsstadien wie zum Beispiel das Phänomen, daß einer einem festen Beruf nachgeht oder daß einer seine eigene Familie versorgt wie es sich gehört oder daß einer, ganz allgemein, eine Stütze der Gesellschaft ist.

Das wirkliche Problem für den Therapeuten besteht darin, daß die Leute im letztgenannten Zustand untergehen und ertrinken.

Das wirkliche Problem für den Therapeuten besteht darin, ein Therapeut zu sein.

Das wirkliche Problem besteht darin, zu sein.

Die beiden Gesichter der Revolution

Bevor wir uns mit neuen lebendigen Möglichkeiten des Zusammenlebens befassen, durch die sich die Restriktionen und die subtile Gewalttätigkeit der Familie vielleicht vermeiden lassen, müssen wir uns über einen Punkt im klaren sein. Was die kapitalistischen Länder der Ersten Welt angeht, so kann man hier von Kommunen nur als Prototyp-Situationen sprechen, die sich in einem prärevolutionären Rahmen nie frei verbreiten und entfalten können. Die Psychologie der Inbesitznahme und der Behandlung anderer Leute mehr oder weniger als Gebrauchsartikel, den man behalten oder umtauschen kann, dominiert hier, objektiv gesehen, so sehr, daß Beispiele ihrer Transzendierung gewiß selten und vereinzelt sind. Aber sogar in diesen seltenen Fällen ist die Transzendierung gewöhnlich insofern mehr scheinbar als wirklich, als man offensichtlich unvermeidlich Zuflucht sucht in Unterdrückung (versuchen, nicht zu denken), in Repression und Ablehnung (das sind «unbewußte» oder präreflektive Manöver) und in verschiedenen Rückzugsstrategien. Durch diese vielfältigen Mittel können wir uns von dem Anblick unserer Beherrschung und «Benutzung» anderer Leute befreien – in der Regel natürlich in Form eines insgeheimen Einverständnisses, da die Leute so sehr daran gewöhnt sind, in Beziehungen benutzt und ausgebeutet zu werden.

Was wir in der Ersten Welt tun müssen, ist, in dieser prärevolutionären Situation Erfahrungen zu sammeln, die ihren vollen sozialen Ausdruck erst nach der Revolution finden können – das aber muß, glaube ich, in der Ersten Welt strategisch noch einmal durchdacht werden im Bereich mikro-politischer Erfahrungen – das heißt Erfahrungen, gewonnen in Gruppen, die, ihrem Umfang nach, von zwei Personen bis zu beliebiger Personenzahl rangieren können. Allerdings sollten diese Gruppen nicht so groß sein, daß wechselseitige, umfassende Verinnerlichungen verhindert werden, denn solche Verinnerlichungen bewirken, daß man die anderen erkennt und von ihnen erkannt wird, ganz gleich, welche unklaren Vorstellungen im Kopf ein jeder über die «genaue» Identität der anderen hegt.

In diesem Kapitel werde ich mich auf gewisse Kommunenformen beziehen, die in der Ersten Welt versucht worden sind, doch werde ich mich nicht mit Formen der Anti-Familie befassen, wie sie vor allem in Kuba und China entwickelt worden sind. Die Parallelen zwischen Ländern der Ersten Welt und revolutionären Ländern der Dritten Welt sind in der Tat sehr gering, solange wir nicht weitergehen und die Bedeutung der verborgenen Dritten Welt im Herzen der Ersten Welt definieren. Zunächst möchte ich jedoch den Begriff «Kommune» definieren, diese potentielle alternative Form einer mikro-sozialen Organisation in der Ersten Welt: Eine Kommune ist eine mikro-soziale Struktur, die eine lebensfähige Dialektik verwirklicht zwischen Einsamkeit und Gemeinsamkeit; zur Kommune gehört eine gemeinsame Wohnung aller Mitglieder oder zumindest ein gemeinsamer Arbeits- und Erfahrungsbereich, an den sich peripher Residenzen anschließen können; außerdem impliziert die Kommune, daß Liebesbeziehungen zwischen Mitgliedern des Kommunenverbandes einander wesentlich stärker durchdringen als dies beim Familienverband der Fall ist. Das bedeutet natürlich, daß sich sexuelle Beziehungen nicht auf irgendwelche sozial anerkannten Regelungen zwischen zwei Personen und zwischen Mann und Frau beschränken; vor allem aber ist in der Kommune impliziert, daß Kinder nicht nur zu ihrer biologischen Elterngruppe, sondern mit Erwachsenen überhaupt völlig ungezwungenen Kontakt haben müssen, denn in diesem Punkt trifft die Kommune den Nerv jeder Repression. Diese begriffsbestimmenden Elemente zielen auf eine ideologische *prise de position* hin, die sich folgendermaßen formulieren läßt: LIEBE MACHEN IST GUT AN SICH UND JE MEHR UND JE LÄNGER LIEBE GEMACHT WIRD AUF JEDWEDE MÖGLICHE ODER VORSTELLBARE WEISE VON UND MIT SO VIELEN LEUTEN WIE MÖGLICH DESTO BESSER.

Doch möchte ich im Augenblick auf diese Position nicht näher eingehen, sondern gewisse Vorbedingungen festhalten. Ich glaube, daß die mindeste Voraussetzung für eine Liebesbeziehung zwischen Menschen (nach einer ganzen Menge Arbeit in anderen Beziehungen) die Erfahrung von Zärtlichkeit ist, die Erfahrung, dieses positiven Gefühlsrests, der sich herauskristallisiert, wenn alle Negativität, Bitterkeit, Feindseligkeit, Mißgunst und Eifersucht hinreichend häufig und tief genug ausgelebt und überwunden worden sind. Wenn wir unsere Definition der Liebe stark eineingen, läuft dieses Gefühl auf Vertrauen hinaus. Dies bedeutet ein Ende aller Geheimnisse, bedeutet, daß keiner in der Beziehung hinter dem Rücken des oder der Partner handelt, obgleich Verschwiegenheit als Antithese zu familienerzeugter Verheimlichung immer eine Möglichkeit bleibt. Aber verfallen wir an dieser Stelle nicht in irgendeine Art euphorischer Mythenbildung über die Offenheit. Offenheit, wie ich sie hier meine, erfordert eine Menge harter Arbeit. Was ich hier vorschlage, bedingt unvermeidlich ein erhebliches Quantum an Leiden, verursacht durch die Konsequenzen aus emotionalen Fehlern, die wir in unseren Beziehungen begangen haben, sowie auf eine disziplinierte, ja umbarmherzige Klärung von Blockierungen und Zwängen, denen wir ausgeliefert sind. Offenheit bedeutet Schmerz, und trotz der aufmerksamen Freundlichkeit und klärenden Unterstützung, die uns von anderen zuteil werden können, muß der Schmerz letztlich allein durchgestanden werden. Dieser Zustand des Alleinseins aber ist es, aus dem die letzte Klärung hervorgehen muß. Ganz ohne Zweifel werden andere Leute es immer spüren, auch wenn sie nicht klar erkennen, was sie spüren, wenn jemand in der Gruppe diese Art von Selbstkonfrontation durchgemacht hat. Es wäre sinnlos, von Kommunen zu sprechen, wenn es in solchen Gemeinschaften von vornherein nicht wenigstens ein Mitglied gäbe, das sich seinem Leben in diesem unbarmherzigen Sinne gestellt hat.

Dies führt uns auf ganz natürliche Weise zu einer Untersuchung des Problems «Eifersucht», an dem Kommunen häufig scheitern. Eifersucht scheint seit alters her ihrer Struktur nach triadisch zu sein. Person A ist eifersüchtig auf Person C, die eine Beziehung unterhält zu Person B, die, so meint A, «seine» (As) Person ist. Allerdings glaube ich nicht, daß die triadische Struktur hier der störendste Faktor der Eifersuchtssituation ist. Natürlich wissen wir, daß ein Großteil der Angst und der daraus resultierenden Wut von A auf seine unterdrückten homosexuellen Wünsche zurückzuführen ist. In unserem Fall gelten diese Wünsche C, so daß es eine ersehnte und schreckliche Vergewaltigung von A ist (wir verwenden hier ein eindeutig heterosexuelles Beispiel mit männlicher Eifersucht als treibender Kraft), wenn C auf genitale Weise B durchdringt. In der Kommune würde sich A (und mit ihm C und B) auf ideale Weise mit dieser Situation auseinandersetzen, und so könnten sie sich zum Beispiel ihrer unterdrückten Homosexualität bewußt werden, so daß nun A und C eine befriedigende oder zumindest von ihnen klar durchschaute Beziehung zueinander haben können. (Das mag eine offenkundig sexuelle Beziehung implizieren, doch ob das Sexuelle ein- oder ausgeschlossen wird, ist lediglich eine Frage der Wahl und der Voreingenommenheit – Homosexualität oder irgendeine andere Form von Sexualität sollte in diesem wie in jedem anderen Fall offenbleibende Möglichkeit, aber nie Verpflichtung sein!)

Doch scheint es mir, was die Eifersucht anlangt, eine weniger leicht faßbare Verständnisebene zu geben, auf der es meiner Ansicht nach nicht drei-, sondern, wenn überhaupt, einwertig zugeht. Eines der schlimmsten Schicksale, das eine Zwei-Personen-Beziehung treffen kann und von dem viele Ehen während des größten Teils ihres Bestehens tatsächlich getroffen werden, besteht darin, daß die beiden Partner beginnen, eine symbiotische Beziehung zueinander zu unterhalten, in der jeder zum Schmarotzer des anderen wird und in der jeder sich im Denken des anderen einnistet. Man sucht A und entdeckt ihn im Denken von B, doch nistet B auch im Denken von A, und so kommt es zu wechselseitigen periodischen Verinnerlichungen von Verinnerlichungen usw. Auf diese Weise verflüchtigen sich A und B mit all der Gelassenheit und inneren Sicherheit, die eine soziale Unsichtbarkeit verleiht. Was für eine glückliche Ehe, wo ihr Preis doch nur der Verlust des eigenen Ich ist! Und so verschmelzen A und B in einer zusammengesetzten personalen Einheit A-B. Dann taucht C auf, doch C ist nur *scheinbar* ein Dritter, da A und B eigentlich mehr eine als zwei Personen sind. In diesem Falle unterhält C, diese illusorische Person, eine «Beziehung» zu B, der als B natürlich genauso illusorisch ist. Nun fühlt sich «A» beunruhigt durch «Cs» Beziehung zu «B», doch bedeutet «Eifersucht» in diesem Falle, daß A sich mit Cs Augen sieht (d. h. C ist eigentlich A, der A betrachtet: die rohe Art, mit der A und B ihre gesonderten Wirklichkeiten ausgelöscht haben, erstreckt sich in ihren Auswirkungen auch auf C, der aufhört, er selbst zu sein, was immer er auch gewesen sein mag, und ahnungslos zu einer bis dahin abgelehnten selbst-reflektiven Verkörperung von A wird). Das akute Problem hier ist das plötzliche Auseinanderbrechen der symbiotischen Pseudoeinheit A-B, nach dem sich A zum erstenmal als gesonderte Person in der Welt erfahren muß, als Person, die allein ihrer Zukunft konfrontiert ist und die aus ihrer neuen Position einer ungewollten Freiheit heraus ihre eigene Wahl treffen muß. Nun wird A verantwortlich für alle seine Beziehungen, es sei denn, es gelingt ihm rasch genug, eine neue Symbiose mit B oder jemand anderem herzustellen und vorzugeben, nichts sei geschehen. Natürlich muß sich auch B ihrer Abgetrenntheit konfrontieren, doch ist die Quelle ihres Trostes leichter erreichbar. Ihre «Beziehung» zu C trägt den Stempel einer gewissen Normalität – sie ähnelt eher einer gesunden Zwei-Personen-Beziehung als dem Selbstmord einer Symbiose. Außerdem können B und C ihre Freiheit im Interesse der Sicherheit einer Pseudo-Einheit B-C aufgeben.

Meine Erfahrung mit Leuten, die unter demselben Dach oder in einem weiteren Rahmen zusammen leben, ist die, daß, wenn es in irgendeiner Form zur Eifersucht kommt, zumindest ein Mitglied der Gruppe stark oder «einsichtig» genug sein muß, um erstens mehr emotionale Realität zwischen den Betroffenen zu fördern, und um zweitens den Fortbestand und die Fortentwicklung der personalen Ganzheit eines jeden zu gewährleisten. Diese letztgenannte Qualität sieht ungefähr folgendermaßen aus: Der Mensch lernt durch die mühselige Arbeit an und durch die allmählich erworbene Disziplin in seinem Leben die Familie kennen, die er verinnerlicht hat, die er ständig mit sich herumträgt und die er fortwährend auf jede mikro-soziale Situation projiziert. Dieses Projizieren gelingt es ihm nun, vorsichtig genug «zurückzunehmen», so daß er die anderen unbeeinflußt läßt von seiner zeitweisen Veränderung ihrer Wirklichkeit. Nun aber kann er, da er seiner eigenen Erfahrung nach mit diesem Prozeß genügend vertraut ist, ähnliche Prozesse in anderen durchschauen; er kann sich also so verhalten, daß das System aus Verlagerungen zwischen verinnerlichter Familie und tatsächlicher äußerer Gegenwart für jedermann, wenn nicht durchschaubar, so doch zumindest weniger verwirrend wird. Das bedeutet nicht, daß dieser Mensch zum Therapeuten der Gruppe werden muß, es bedeutet nicht, daß er die wechselseitige Beziehung zwischen der Realität innen und der Realität außen, zusammen mit den damit verbundenen Verzerrungen, deutend entziffern muß.

Unbedingt erforderlich ist jedoch das Gespür der Mitglieder einer solchen Gruppe dafür, daß zumindest dieser eine unter ihnen dieses Wechselspiel der Realität zwischen De-Realisierung und Re-Realisierung begreift. Wenn dies der Fall ist, werden das vielleicht auch die anderen lernen. Es dreht sich dabei primär nicht darum, genau zu wissen, was in der Gruppe vorgeht, sondern darum, zu wissen, daß jemand weiß, und weil man um dieses Wissen, daß jemand weiß, weiß, weiß man, daß man selbst wissen könnte. Ideales Endziel hier ist natürlich, daß jeder genügend weiß und so die Bürde des Verstehens von den Schultern des ursprünglich «Wissenden» der Gruppe nehmen kann – ganz gleich, wie groß dessen «Leidenschaft, Menschen zu verstehen» (Sartre), auch sein mag. In der Tat muß der Wissende vielleicht sogar so viel wissen, daß er es übers Herz bringt, sein Wissen für sich zu behalten, um auch den anderen eine Chance zu geben!

Wir müssen «erkennen» – dieses Wort kann unser Verständnis für dieses Wissen darüber, daß andere über uns Bescheid wissen, vertiefen.

Wir müssen vor allem erkennen, was zwischen uns selbst und den Leuten vor sich geht, die uns am nächsten stehen, und zwischen uns und diesen Leuten und allen, die zu diesen Leuten in irgendeiner Beziehung stehen. Im Fachjargon mag uns das als eine besonders masochistische Reaktion auf die eigene Paranoia erscheinen, in der die Paranoia bis zum äußersten getrieben wird und man am Verfolgungswahn fast stirbt oder wahnsinnig wird. Dieses Erkennen darf hier recht wörtlich genommen werden oder es kann ein einfaches Wissen darüber sein, was los ist.

Wenn Ehen «zerbrechen», überkommt mich immer wieder ein Gefühlsrest aus Verwunderung darüber, wie zum Beispiel die Tatsache, daß der eine Partner dem anderen ein weit zurückliegendes Verhältnis «beichtet», von diesem unter so verzerrtem Blickwinkel wahrgenommen wird, daß seine Reaktion Wut und Eifersucht sind. Und wenn man dann die Geschichte dieser Beziehung zurückverfolgt, so stellt sich unter Umständen heraus, daß jenes Verhältnis, von dem der andere «nichts wußte», für diesen (den «Betrogenen») Befreiung bedeutete – Befreiung hinsichtlich seiner Beziehung zum ersten Partner im allgemeinen und ihrer sexuellen Beziehung im besonderen. Doch die Scheidung läuft natürlich weiter, denn an Stelle von echter Dankbarkeit stellt sich falsche Bitterkeit ein. – *Doch dann ist doch das einzige Übel der Scheidung das vorausgegangene Übel, die Ehe nämlich.*

An diesem Punkt müssen wir, glaube ich, differenzieren zwischen Generationen und ihren Möglichkeiten. Ich glaube, wenn wir (immer im Kontext der Ersten Welt) die Generation, die heute dreißig bis vierzig Jahre alt ist, mit der heute Fünfzehn- bis Fünfundzwanzigjährigen vergleichen, daß wir dann auf ein beiden gemeinsames Problem stoßen, für das manche unter uns trotz allem dankbar sein mögen: Ich meine das

Bedürfnis nach einer starken, zentralen Zwei-Personen-Beziehung, die von anderen als unbedingt ausschließlich empfunden wird. Ob die darauf folgende Generation, die heute noch im Volksschulalter ist, ebenfalls dieses Bedürfnis haben wird, ist eine andere Frage, da der Zusammenbruch des institutionellen Gefüges der bourgeoisen Gesellschaft im nächsten Jahrzehnt so rasch vor sich gehen kann, daß diese Generation bereits die Möglichkeit eines weniger zentrischen Systems von Beziehungen haben kann. Vielleicht kommt es zu einem gleitenden Zweier-Gruppen-System, das sich fortentwickelt zu einer polyzentrischen Struktur von Beziehungen, obgleich die emotionale Bedeutung, die die verschiedenen Zwei-Personen-Beziehungen für jeden besitzen, wahrscheinlich einen gewissen Grad der Hierarchisierung erkennen lassen wird.

Doch möchte ich diese «starke, zentrale Zwei-Personen-Beziehung» an dieser Stelle etwas klarer umreißen. Eine solche Beziehung zieht, glaube ich, in keiner Weise die Bildung eines geschlossenen Familiensystems nach sich, das heißt eine durch solche Beziehungen bewirkte Ausklammerung anderer wichtiger Beziehungen für jeden der beiden Partner und die Gefangenhaltung der Kinder in jenem kleinen System aus «primären» Beziehungen. Von vielen Leuten werden heute mehr oder weniger periphere Beziehungen zu anderen verwirklicht, welche die zentrale Zwei-Personen-Beziehung so bereichern, daß deren Qualität und Intensität in jeder Hinsicht zunimmt. Doch kann diese Einsicht zu einem euphorischen Idealismus verführen, wenn gewisse Voraussetzungen übersehen werden. In gewissen Stadien einer Zweier-Beziehung kann es dazu kommen, daß der eine oder beide Partner bestimmte Versprechen geben müssen. So kann man sich im Laufe der Beziehung zum Beispiel mit dem Partner darauf einigen, daß eine Beziehung zu einer dritten Person nur dann eingegangen werden darf, wenn man sich über die «richtige Zeit» einig ist. Keiner ist natürlich gezwungen, ein solches Versprechen zu geben oder zu halten, *denn das Recht, «Nein» zu sagen, ist grundlegend.* Doch angesichts der räuberischen Natur unserer Gesellschaft und der Tatsache, daß wir alle diese räuberische Natur verinnerlichen und sie in allen unseren Beziehungen, in allen unseren Handlungen und trotz unserer allerbesten Absichten reproduzieren, scheint es andererseits vernünftig, wenn sich zwei Menschen auf die zeitweise Ausschließung anderer Beziehungen einigen. Eine solche Vereinbarung unterscheidet sich in ihrem wesentlichen Punkt vom üblichen Ehevertrag – in der *Zeitdauer der Beziehung.*

Der Ehevertrag bringt die Unterordnung persönlicher Bedürfnisse unter ein von außen auferlegtes Zeitschema mit sich, so daß die eigene soziale Zeit, der eigene soziale Raum verlagert werden in einen Bereich des Andersseins, und so bleibt eine Leere in uns zurück, nämlich jene «gegebene Zeit» (die uns schließlich unserer Zeit beraubt), die wir nicht

mehr wahrnehmen. Wenn wir sie jedoch wahrnehmen, so mögen wir unsere Zeit zurückfordern wollen, um aber sofort zu entdecken, daß dies auf eine verheerende Vernichtung unserer mühselig errichteten Sicherheitsstrukturen hinausläuft, sowie auf die ungehinderte Freisetzung der uns schon zu Beginn eingepflanzten Schuldgefühle darüber, was wir der Sicherheit anderer antun. Verzweifelt geben wir nun unser Vorhaben vielleicht auf. Wenn wir es jedoch trotzdem hartnäckig weiterverfolgen, finden wir uns plötzlich auf dem anderen Horn des Schulddilemmas aufgespießt, denn nun kommt es zu einer fortschreitenden Ausdehnung unserer Verzweiflung auf alle, die uns nahestehen.
Ausweg aus dieser Situation scheint mir die dämmernde Erkenntnis zu sein, daß sich unser Handeln für andere Leute dann am befreiendsten auswirkt, wenn es uns selbst am meisten befreit. Das, was «am meisten befreit», ist aber immer das, was am meisten Freude bringt. Allerdings müssen wir hier Freude als klar unterschieden von Glück begreifen (denn Glück zielt immer in irgendeiner Form auf Sicherheit ab, d. h. auf eine scheinbar bequeme Einengung unserer Möglichkeiten). Freude umfaßt Verzweiflung, indem sie über einen Endpunkt von Schmerz wiederum in Freude mündet. Während Glück eine einheitliche Gefühlslage ist, das Resultat aus gebotener Sicherheit, ist Freude der vielgestaltige, simultane Ausdruck eines Spektrums – Freude am einen Ende, Verzweiflung in der Mitte und wieder Freude am anderen Ende. Ich habe es in unserer Kultur nur selten erlebt, daß Leute in ihrer Verzweiflung hemmungslos weinen. Noch seltener kommt es jedoch vor, daß sich ungehemmte Freude in Tränen äußerst. Die Tatsache, daß Befreiung sofort Schmerzen auslöst und vom entscheidenden Augenblick an ständige harte Arbeit an sich selbst bedeutet, beinhaltet keine rätselhafte Ironie, sondern ist eine Frage unserer Verinnerlichung eines objektiven Widerspruchs in der bourgeoisen Gesellschaft.
Für eine Zwei-Personen-Beziehung, die ihre Entwicklung selbst definiert, anstatt eine unveränderbare, von außen auferlegte Definition zu wählen, besteht zumindest die Möglichkeit, sich voll zu entfalten. So gibt es zum Beispiel in jeder Zwei-Personen-Beziehung eine natürliche Fluktuation der Intensität sexuellen Empfindens füreinander. Es kann zu langen Perioden eines einseitigen oder beidseitigen sexuellen Rückzugs kommen, der sich nicht auf einen lösbaren «neurotischen Konflikt» reduzieren läßt – ganz gleich, wie pflichtbewußt und angepaßt man sich auch um sexuelle Reaktionen bemüht. Sexualverkehr mit Menschen außerhalb der Zweierbeziehung kann diese Kontaktsperre zweifellos beheben, doch nur, wenn eine wesentliche Illusion zerstört wird – *die Illusion von der Quantifizierbarkeit der Liebe.*
Liebe kann natürlich, wie jede gelebte Erfahrung, auf einen Seinszustand reduziert werden, der seinerseits wiederum auf den Status eines Gebrauchsgegenstandes reduziert und dann fetischisiert werden kann

wie jeder andere Gebrauchsartikel auch. Liebe wird so zu einer Art Paket mit sozial vorgeschriebenem Umfang, der in keiner wie immer auch gearteten Beziehung überschritten werden darf. Man glaubt, man wird so weit gebracht, daß man glaubt und dann bringt man sich selbst so weit zu glauben, man habe nur so und soviel Liebe zu geben. Wenn man fast seine ganze Liebe dem Partner gibt, so bleibt einem, proportional gesehen, natürlich nur mehr sehr wenig für andere übrig. Gehorcht man dieser naiven Algebra, so ist eine Folge die, daß eine Liebeshandlung als Verlust einer gewissen inneren Liebesquantität erfahren wird. Meiner Ansicht nach ist diese illusorische «Paket-Theorie» der Liebe auf eine übertriebene Vereinfachung der ganzen Struktur der Liebeshandlung zurückzuführen. Diese Handlung subsumiert – nehmen wir als Beispiel A, der B liebt – folgende Erfahrungsmomente: A verinnerlicht über eine gewisse Zeit hin ein mehr oder weniger «vollständiges Bild» von B; diese Zeit kann Jahre oder Sekunden betragen – Sekunden deshalb, weil die Liebeshandlung keine langfristige Entwicklung und keine langfristige Verpflichtung zu dieser besonderen Zwei-Personen-Beziehung zu implizieren braucht. Wenn dem so wäre, würden mannigfache Überlegungen notwendig, die über die Liebe hinausgehen würden.

«Während» und «nach»* dieser Verinnerlichung kommt es zu einer anderen Art von Handlung, einer Handlung, die auf jenem Akt der Verinnerlichung basiert. Diese zweite Handlung wird, wenn sie eine Liebesmöglichkeit demystifizieren soll, von den früheren Verinnerlichungen, die man an anderen vollzogen hat, so viele wie möglich ausschalten, so daß in As Erfahrungswelt eine relativ unveränderte B zurückbleibt. Diese früheren Verinnerlichungen heften sich jedoch an die Fersen einer jeden neuen Verinnerlichung und würden deshalb Bs potentielles Zugegensein in As Erfahrung in ein relatives Nicht-Zugegensein verwandeln. Wenn A zum Beispiel B sehr stark mit seiner Mutter identifiziert, wobei er sich dessen kaum bewußt ist, kann er genau in diesem Ausmaß B insofern nicht lieben, als Bs Zugegensein durch diese Identifizierung in ein Nicht-Zugegensein verwandelt wird und als man nur auf der Basis einer inneren Anwesenheit des anderen lieben kann (obzwar man natürlich mit einem Nicht-Zugegensein des anderen sicher genügend *glücklich* sein kann).

Nun registriert A in der Erfahrung von B seine (As) Registration der Anwesenheit von B. Diese Kommunikation kann verbaler oder extraverbaler Art sein oder beides. Auf alle Fälle erkennt B durch eine weitere Reaktion As ihr Erkanntwerden durch A.

Die nächste Stufe dieser Struktur, die von besonderer Bedeutung ist, wird von einer Handlung Bs gebildet, die A erkennen läßt, daß B ihre Erkennung durch A erkannt hat. Das ist insofern wichtig, als das, was wir als As Liebeshandlung bezeichnet haben, seiner bloßen Existenz

nach von einer – vielleicht subtilen, kaum merkbaren – Handlung Bs abhängt. Im üblichen sozialen Umgang mag B ihre zum Ausdruck gebrachte Registration der Registration As von ihr unterdrücken, genauso wie A sein Wissen um Bs Unterdrückung unterdrücken kann. Der Schwierigkeitsgrad dieses Prozesses steigert sich in sogenannte psychotherapeutische Beziehungen, wo A (in diesem Fall der «Therapeut») die Unterdrückung seines Wissens von Bs unterdrücktem Wissen ablehnen muß, damit eine heilende Liebe möglich wird; das heißt eine Liebe, die so diszipliniert ist, daß sie es vermeiden kann, eine falsche Bindung einzugehen – eine Bindung, die die Achtung verletzen würde, die jeder vor der Zeit des anderen haben muß, wenn ein fatales (aber auch in diesem Fall recht bequemes) Scheitern vermieden werden soll.
Doch kehren wir zum Beginn unserer Diskussion zurück. Bis jetzt haben wir uns nur mit der präkonditionalen Struktur der Liebe und nicht mit ihrer axialen Definition befaßt. Als ich von der Auslöschung der verinnerlichten Spuren anderer sprach, war natürlich die Eliminierung fremder Elemente impliziert, welche die neue innere Anwesenheit beflecken könnten. Der andere (B) könnte, anders ausgedrückt, in Gestalt eines anderen geliebt oder/und gehaßt werden, wobei wir diesen «anderen» als Nicht-A^1, Nicht-A^2 und Nicht-A bezeichnen können, identisch mit einer oder irgendeiner von As früheren Verinnerlichungen von anderen. Was die Liebe definiert, ist diese Beschneidung von Gefühlen, die fälschlicherweise auf den neuen anderen übertragen werden – nach dieser Beschneidung ist man frei, zu lieben, und diese beidseitig anerkannte Freiheit zu lieben ist Liebe. Doch wenn sich A innerlich so frei macht, daß er B lieben kann, kann er nun natürlich B auch hassen, wenn B ihm einen Anlaß hierzu gibt. Doch darf hier vermutet werden, daß diese Art von Ressentiment (immer vorausgesetzt, übertragene negative Gefühle sind wirksam ausgeschaltet worden) auf einer Verletzung der Liebesdisziplin basieren muß, also auf einer Nichtbeachtung der inneren Zeitbedürfnisse des anderen. Das für Beziehungen so typische «Laß mir Zeit» braucht nicht unbedingt als Bitte *um* Liebe, Rücksichtnahme und Geduld aufgefaßt zu werden, sondern kann als die schmerzerfüllte und verwirrte Äußerung des Menschen *nach* Liebe begriffen werden. Aber wer kann noch warten in einer Welt, in der die Zeit auf Uhrfedern gespannt ist und in der sie durch eine finstere soziale Praxis aus jeder Wirklichkeit heraussymbolisiert wird zu Geld, Scheiße, Fahrplänen und ritualisierter Arbeit?
Ein in London während des letzten Jahrzehnts unternommenes Experiment konzentrierte sich auf die De-Hierarchisierung von Gemeinschaften, in denen einige der Mitglieder als «verrückt» oder (um im Fachjargon der Psychiatrie zu bleiben) als «schizophren» abgestempelt wurden oder worden wären.* Ich glaube, es ist wichtig, daß wir uns an dieser Stelle mit jenen Gemeinschaften näher befassen, weil wir in diesem

Zusammenhang auf Implikationen stoßen, die, von den in ihnen enthaltenen Möglichkeiten einer radikalen Erneuerung einmal abgesehen, über die engen Grenzen der Psychiatrie und der «Revolutionen» in der Psychiatrie weit hinausreichen. Diese Implikationen fordern eine historische Neubewertung aller menschlichen Handlungsweisen, die bislang für verrückt gehalten wurden, sowie letztlich die Einbeziehung «der Erfahrung des Wahnsinns» in das Denken eines jeden von uns, so daß diese Erfahrung einer Bewußtseinserweiterung den Weg ebnen und nicht mehr Ursache der furchtbaren Opferung einer Minderheit sein wird. Noch wichtiger ist im Augenblick jedoch die Tatsache, daß sich unvermeidlich ähnliche Probleme ergeben, wenn sich Leute zusammenschließen und ohne sorgsame psychiatrische Konsultation liberatorische Kommunen und Netze gründen. Diese Probleme werden verursacht durch die Gestörtheit einiger Mitglieder und durch die Neigung der anderen, solcher Gestörtheit mit einer Gewalttätigkeit zu begegnen (so wird der gestörte Mensch z. B. unter Umständen aus der Gemeinschaft ausgeschlossen oder mundtot gemacht), die die Gestörtheit unserer Gesellschaft insgesamt letztlich nur kopiert.

Da jene Gemeinschaften, von denen ich eben sprach, bereits in einer Reihe von Publikationen beschrieben worden sind, möchte in an dieser Stelle lediglich gewisse Prinzipien ihrer Organisation oder besser Anti-Organisation festhalten.

Erstens wird keine psychiatrische Diagnose gestellt, so daß der erste Schritt zur Verurteilung eines Menschen durch die Gemeinschaft unterbleibt.

Die tatsächliche Bedeutung der Diagnose besteht darin, daß sie, sozial gesehen, der Dolch ist, der ins Herz der Gnosis getrieben wird. Die Diagnose ist der Mord an der Möglichkeit, den anderen Menschen kennenzulernen, ein Mord, verwirklicht durch die Verdrängung der Realität dieses Menschen in die Vorhölle einer sozialen Pseudo-Objektivität.

Jemanden als «schizophren», «paranoid», «psychopathisch», «sexuell pervers» oder «süchtig» abzustempeln, bedeutet, ferngesteuerte Raketen auf eine gewisse Stadt abschießen. Nach einiger Zeit wird die Betätigung des Startknopfs zu einer so gleichgültigen Angelegenheit, daß sie zum Nicht-Akt wird.

Die Bombe ist ein Akt, ein Akt aus sich selbst heraus, um sich selbst zu negieren.

So aber enden wir, wenn ihr Ursprung auch bewußt vergessen worden ist, in einer realen Verwüstung von Geist und Körper.

Die Tatsache, daß man in jenen Gemeinschaften nicht zu einer Kategorisierung von Leuten greift, ist präkonditioniert durch die De-Hierarchisierung der Gruppe. Es kommt zu einem allmählichen oder sofortigen Zusammenbruch der binären Rollenstruktur von Arzt und Schwester *versus* Patient. Die Leute, die diesen Gemeinschaften angehören, würden entweder als Psychiater oder als Patient eingestuft werden, wenn man sie eingliedern würde in die institutionelle Struktur einer Nervenklinik. In diesen Gemeinschaften gibt es jedoch nur Leute, die zum Teil mehr, zum Teil weniger Kontakt haben zur wechselnden Realität der Gruppe und zu den Veränderungen in jedem Gruppenmitglied. Leute mit einem solchen Charisma des Wissens könnten im konventionellen Rahmen durchaus «Patienten» abgeben. Aber in diesen Gemeinschaften sollen die Menschen nicht *in Behandlung sein*, sondern einfach *sein* – dieses *Sein* aber ist aktiv und lebendig, es ist gegen die falsche Passivität der Behandlung gerichtet, dagegen, daß andere mit einem machen, was sie wollen.

Der positive Mittelpunkt der Erfahrung einer solchen Gemeinschaft liegt jedoch in der Garantie, daß man auf seiner Reise in und durch das eigene Ich immer von jemand anderem begleitet wird. Diese «Garantie», wir spielen jetzt den bourgeoisen Sprachgebrauch gegen sich selbst aus, impliziert nicht eine riesige Gesellschaft, die ihre Bilanz ordnungsgemäß im Finanzteil der *Times* veröffentlicht, sondern ein stillschweigendes Versprechen, das einer oder mehrere Menschen einem anderen geben. Will man die eigene Erfahrung der personalen Desintegration und anschließenden Reintegration, der Destrukturierung und anschließenden Restrukturierung des eigenen Lebensmusters wirklich ausschöpfen, muß man die Sicherheit haben, daß jemand anderer, der hinreichend neutral ist, also keine Ressentiments gegen einen hegt, während dieser ganzen Erfahrung mit einem ist. Dieser Mensch muß fähig sein, jede Einmischung zu vermeiden, er muß jemand sein, der den anderen sein läßt.*

Im übrigen gehorcht diese Anti-Psychiatrie-Gemeinschaft den Prinzipien jeder anderen Kommune. So zum Beispiel der dialektischen Wechselbeziehung zwischen Einsamkeit und Gemeinsamkeit mit anderen, einer Dialektik, die in der Aktivität des Kommens und Gehens ihre eigene Synthese verwirklicht. Diese Synthese läßt sich veranschaulichen durch das Beispiel von dem Menschen, der im Fernsehen ein Tennismatch mitansieht und, im Gegensatz zu den Zuschauern auf dem Bildschirm, die ihre Köpfe hin- und herwandern lassen, bewegungslos in den Fernseher blickt.

Diese Dialektik reflektiert sich in der Architektur des Mittelpunkts und entfaltet sich in den einzelnen Zellen (die andere Leute selbstverständlich betreten und mit dem Bewohner auf Grund einer beidseitigen freien Übereinkunft teilen können) und in einem gemeinsamen Lebensraum, in dem jeder so viel Zeit verbringen kann, wie er will. Hat ein Mensch seine Wahl getroffen, so braucht er wochen-, monate- oder jahrelang keinen anderen zu sehen. Braucht er jedoch andere Menschen, so weiß er, wo er sie finden kann. Einfache Kochgelegenheiten in jedem Zimmer würden Diskussionen über die Benutzung einer Gemeinschaftsküche unnötig machen, was insofern von Vorteil wäre, als eine Gemeinschaftsküche stets Gefahr läuft, zum Zankapfel der ganzen Kommune zu werden.

Ein anderer Grundsatz, der ebenfalls in diesen Kontext gehört und sich auf jede andere Art von Kommune anwenden läßt, besteht in der Achtung vor dem Recht eines jeden «*Nein*» zu sagen zu den Forderungen oder Wünschen anderer. Dieses «Nein» kann temporär oder permanent sein, doch muß es in jedem Fall beachtet werden, da seine Nichtbeachtung eine Verletzung der eigenen Zeitbedürfnisse bedeuten würde, wenn wir diese Zeitbedürfnisse als eine Synthese betrachten aus äußerer (sozialer, biologischer) Zeit, aus innerer Zeit und, auf einer dritten Ebene, aus der Zeit, die man braucht, um diese Synthese zuwege zu bringen.

Wenden wir uns nun dem nächsten Prinzip zu, bei dem es sich darum handelt, daß man weiß, daß jemand weiß. Dieses Prinzip kann mehrere Formen annehmen. Eine dieser Formen ist zum Beispiel die Erfahrung, in der man seiner eigenen Familie in Gegenwart eines «Mittlers» begegnet, so daß man zum erstenmal die eigene Familie objektiv als die Quasi-Totalität sehen kann, zu der sie sich gemacht hat – eine Quasi-Totalität, die unser Leben durch unser Denken beherrscht und die ihre von uns verinnerlichte Gegenwart durch eine Vielfalt externer Manöver, Bindemittel, Fallen usw. untermauert, durch Taktiken, die so schwer faßbar sind, daß man glauben könnte, man leide an paranoiden Wahnvorstellungen. Ein zweiter Mensch mit Erfahrung kann einem jedoch vielleicht schon im Verlauf einer einstündigen Begegnung die eigene Familie «aus dem Kopf schlagen» und sie einem ins volle Blickfeld rücken.

Wenn es unsere Mutter ist, die uns «in- und auswendig» kennt, was macht man dann aus einer Situation, in der man weiß, daß jemand anderer, der außerhalb der Familienstruktur steht, die Tatsache in- und auswendig kennt, daß unsere Mutter uns in- und auswendig kennt? Wenn man, als Kind seiner Eltern, weiß, daß man auch diesen Wissenden wissend erfahren kann, könnte die Kommune sogar für Eltern zur befreienden Hoffnung werden – und darüber hinaus vielleicht sogar für Psychiater.

Durch die Erfahrung mit Gemeinschaften dieser Art beginnt man sich Fragen zu stellen, die so unsinnig werden wie zum Beispiel: Wie unterscheidet sich die Nervenklinik von der Universität? Warum können aus Universitäten nicht Nervenkliniken und aus Nervenkliniken nicht Universitäten werden? Ihr äußeres Erscheinungsbild ist doch recht ähnlich – man denke nur an den Verwaltungstrakt, an die verschiedenen Abteilungen, die Wohnheime, die Laboratorien, die Beschäftigungstherapie usw. Manche Universitäten sind umzäunt und haben Pförtnerlogen, um Kommen und Gehen zu überprüfen.

Die Ironie an der ganzen Sache ist, daß wahrscheinlich niemand jemals geht und sicher niemand jemals kommt.
In beiden Institutionen grassiert die verlogene Besorgnis, ihrer Art nach verwirrt-paternalistisch-maternalistisch, der «Wächter» um die «Bewachten». Beide Institutionen sind hübsche Mütter (die Alma mater) mit Brüsten voll des alten Giftes, als da sind Beruhigungsmittel in jeder nur vorstellbaren Form, angefangen von der richtigen Pille für den richtigen Patienten bis hin zum richtigen Arbeitsplatz für den richtigen Absolventen. Beide haben sie Angst vor der Sexualität und daher vor zwischenmenschlichen Beziehungen überhaupt. Beide Institutionen werden geleitet von den traurigen, farblosen, anonymen und kleinlichen Opportunisten einer opportunistischen Gesellschaft, die ihre eigene Unfreiheit vor sich selbst nur rechtfertigen kann durch die Versklavung anderer. Diese anderen aber könnten den ganzen Betrieb vielleicht wesentlich besser leiten, und zwar deshalb, weil sie weniger Angst haben und der alten, sterilen Sicherheitsstrukturen jener, die vorgeben, ihre Mentoren zu sein, nicht mehr bedürfen.
Überlegungen dieser Art führen uns zu einer anderen Art von Gemeinschaft, die wir, recht archaisch, als die geistige, die esoterische, die gnostische bezeichnen können. Wenn wir die neue Bedeutung der Revolution in der Ersten Welt definieren wollen, müssen wir, glaube ich, nicht nur die volle Eingliederung von Aktivitätsformen in die soziale Massenbewegung ins Auge fassen, die persönlich befreiend sind im Sinne einer «Therapie», sondern auch die von Tätigkeiten, die in einem bestimmten Sinne «geistiger» Art sind. Was ich meine, ist die radikale Auflösung falscher Ichhaltungen, zu denen man erzogen wird. Ferner die Auflösung einer Ichvorstellung, dieses Resultats einer Gehirnwäsche, mit dem man auf perverse Weise indoktriniert wurde und wird von den nettesten, vertrautesten und wohlgesinntesten Menschen in der Welt – von den eigenen Eltern und Lehrern. Eines ist gewiß: Man kann ihnen weder Großzügigkeit noch Mitleid entgegenbringen, so lange man ihnen nicht gezeigt hat, daß man den Strick um *ihren* Hals, der einen erdrosselt, nicht länger duldet.
Der einzige Weg zu mitfühlender Auseinandersetzung mit anderen ist der Abkürzungsweg zur eigenen Befreiung.
In diesem Sinne stelle ich mir einen Aspekt der Revolution als die universale Freisetzung einer vollen Spiritualität vor, ein Zustand, in dem Formen religiöser Erfahrung jeder denkbaren geistigen Tradition rückläufig über den Punkt in ihrer Geschichte hinausgehen, wo sie institutionalisiert, bürokratisiert und entpersönlicht worden sind, so daß sie dann persönlich relevant werden durch die direkte Konfrontation der Menschen in der Kommune, wo jeder nur sich selbst zum Proselyten macht. Dies ist eine Frage der Erkenntnis, daß da nichts *ist*, dem man sich nach der Begegnung mit sich selbst verbinden könnte – unverblümter ausge-

drückt, dreht es sich hier um die Frage der Selbstbegegnung und danach um die Entscheidung, ob man diese Beziehung zu sich selbst fortführen möchte oder nicht.

Die beiden wichtigsten Möglichkeiten unter so vielen vergessenen, die wir wieder möglich machen müssen, ist erstens die, daß wir uns unserer Träume erinnern, indem wir die auseinandergerissenen und uns entfremdeten Traumstrukturen wieder zusammensetzen, und zweitens die, daß man die ganze Reihe an Möglichkeiten, sich selbst zu töten, wieder erfährt. Der richtige Traum ist der erinnerte und erkannte Traum. Der richtige Selbstmord ist nur der, den man nicht begeht. Der authentischste Selbstmord unseres Zeitalters (d. h. nach Christi) ist wahrscheinlich der von Kirilow in Dostojewskijs ‹*Dämonen*› – dieser Selbstmord aber war notgedrungen erfunden.

Zwei Hauptfunktionen der Kommune müssen darin bestehen, daß man erstens die Möglichkeit realisiert, seine Träume allein und später mit mindestens einem anderen Menschen zu registrieren, und daß man zweitens die verlorengegangenen adoleszenten Selbstmordphantasien und, wichtiger noch, die verlorengegangene Kindheitsvision vom Tod wiederentdeckt und mit anderen Menschen sich ungezwungen darüber ausspricht.

Zu Beginn dieses Kapitels sprach ich von der Notwendigkeit, den Sinn der Revolution in Ländern der Ersten Welt grundlegend neu zu überprüfen. Das gilt jedoch auch für einige Länder der «Dritten Welt» wie zum Beispiel für Argentinien, wo sechzig Prozent der Bevölkerung urban sind, und für gewisse andere Länder wie zum Beispiel Südafrika und Israel, wo durch imperialistische Strategien eine Erste- und Dritte-Welt-Identität verlorengegangen ist. Ich glaube, diese Neuüberprüfung muß auf einer mikro-sozialen Erfahrung basieren, erarbeitet in Gruppen, wo jeder direkt dem anderen konfrontiert ist. Wenn wir über den städtischen Guerillakrieg als die entscheidende Strategie in Ländern der Ersten Welt sprechen wollen, müssen wir erkennen, was für ein gewaltiges Waffenarsenal den Menschen zur Verfügung steht. Molotow-Cocktails haben sicher ihren Platz in einer ausgezeichnet organisierten Studenten-Arbeiter-Rebellion, und organisierte Anti-Verbrechen wie zum Beispiel die Plünderung von Geschäften und Brandstiftungen an nicht populären Institutionen werden offensichtlich von dem objektiven Kontext einer Schwarzen-Ghetto-Rebellion diktiert.

Doch gibt es noch andere Arten von Bomben.

Für mich bedeutet es ebenfalls einen revolutionären Akt, wenn ein Mensch nach Monaten oder Jahren die Hauptelemente seiner mikro- und makro-sozialen Konditionierung transzendiert in Richtung auf die spontane Selbstbehauptung einer vollen personalen Autonomie, denn auch dies ist *an sich* ein entscheidender Akt von Gegengewalt, gerichtet gegen das System. Eine solche Transzendierung bedeutet, daß dieser

Mensch *bereit* ist, wie es nur wenige sind. Abgesehen von dieser Ein-Mann-Skala, aber immer im Sinne von «Wie ein Mann», gibt es noch jenes explosive Potential der Gruppe oder des Netzes, das durch harte Arbeit beweist, daß es möglich ist, zunächst lebensfähige und später positiv sich weiter entwickelnde Beziehungen zu realisieren, die im wesentlichen antithetisch sind zu bourgeoisen Beziehungen, denn diese sind aufgezwungen, ungewählt und unschöpferisch und immer eine Wiederholung des Familienkerns in seiner ursprünglichen oder kopierten Form.

In einem früheren Essay* schrieb ich von der Notwendigkeit, revolutionäre Zentren des Bewußtseins zu entwickeln. Diese Zentren würden die Form von antiinstitutionellen, spontanen Gruppenbildungen annehmen, die außerhalb der formalen, bürokratischen Strukturen von Fabrik, Schule, Universität, Krankenhaus, Rundfunkanstalt, Akademie usw. wirken würden. In dieser Art von Gruppe gäbe es keine Unterdrückung der personalen Realität im Sinne einer Serialisierung (noch einmal veranschaulicht an jener Menschenschlange, die in der institutionellen Struktur an einer Haltestelle auf einen Bus wartet, der nie kommt). Darüber hinaus würde es zu einer paradigmatischen Beeinflussung kommen, die rasch auf andere potentielle Gruppen übergreifen würde.

Die revolutionäre Natur dieser Gruppen (die, wenn auch ohne Programm, sowieso bereits entstehen) liegt in der Explosion des Widerspruchs zwischen der totalen Überwachung durch die bourgeoise Gesellschaft, die die Leute gern anonymisieren, ordnen und kategorisieren möchte, und jenem im Menschen trotzdem wirksamen Drang, seinen Namen in die Welt hinauszuschreien und den Mitmenschen seine Aufgabe zu verkünden, ja in der Tat, sich der Welt zu zeigen, weil er fähig wird zur Selbsteinsicht.

Doch ist es mit dieser rasch sich ausbreitenden Subversion, ausgehend von der mikro-politischen Basis einer persönlichen Befreiung, nicht getan. Wirklich umfassende Befreiung stellt sich erst zusammen mit wirksamen makro-politischen Aktionen ein. Deshalb müssen diese Zentren des revolutionären Bewußtseins zusätzlich noch zu Roten Basen werden. Makro-politische Aktionen müssen hier ihrer Natur nach im wesentlichen negativer Art sein und mit allen denkbaren Mitteln versuchen, die bourgeoisen Machtstrukturen zu entmachten. Diese Mittel könnten aus einer *revolutionären Mimesis* der Taktiken der bourgeoisen Machtstruktur gewonnen werden. Diese Struktur ist besitzgierig, sie verschlingt den Menschen und konsumiert seine Arbeit, und die unverdaubaren Überreste sind ausgeschiedene Scheiße in Form von Entlohnung, obszönen Feriencamps usw. Aber warum nicht die Besitzgier des Systems nachahmen? Moralischer als das kann man schließlich gar nicht sein. Wenn also Vorgesetzte oder Universitätsrektoren Konzessionen machen, fordert man immer mehr «Konzessionen», bis *sie* erkennen, daß sie von Anfang an nichts zu geben hatten. Hat man auf diese Weise die falsche Familienstruktur beseitigt, heißt es darauf achten, daß sie nicht wiedererrichtet wird. Revolution wird nicht zu einem historischen Akt, sondern zur Geschichte selbst – zur permanenten Revolution. Oder man kann auch zeigen, daß bourgeoise Machtstrukturen, von der Macht, mit der wir sie unterwürfig ausstatten, einmal abgesehen, machtlos sind, indem man für ihre Auflösung und Zersetzung sorgt. Schon einige sehr einfache, doch sorgfältig aufeinander abgestimmte Aktionen können dies bewirken.

Darüber hinaus gibt es die konventionelleren Taktiken des Streiks und Sit-in, doch ist es möglich, diese durch Arbeit auf mikro-politischer Ebene von ihrem Ökonomismus zu befreien – das heißt im Rahmen der Ersten Welt kann dies nicht eine Frage nach mehr Brot sein, sondern nur die Frage nach mehr Brot und wesentlich mehr Realität.

Was wir, kurz gesagt, wollen, ist nicht, unser Stück Brot zu kauen, sondern das ganze System zu verkonsumieren, damit wir endlich wieder Geschmack an uns selbst finden.

Das Ende der Erziehung – Ein Anfang

Wir haben nichts gelernt,
wir wissen nichts, wir verstehen nichts,
wir verkaufen nichts,
wir helfen nicht,
wir verraten nicht
und
wir vergessen nicht.
Tschechisches Freiheitsplakat

Zunächst müssen wir uns darüber klar werden, was wir unter Erziehung verstehen. So führt man seine Feder durch Begriffe wie Prüfungsnoten, Klassifikation von Kindern, Einteilung in Volks- und Oberschule, Einordnung nach Alter und Geschlecht, examensbedingte Dauer verschiedener Universitätskurse, Doktorgrad, kurz, durch alle jene Rituale des Überwechselns von einer absurden Vorhölle in die andere, die der Kandidat als wirkliches Endziel begreifen soll.

Dabei drängt sich der Gedanke auf, diese frenetischen Oberflächenrituale einmal zu durchleuchten – ich meine diese Rituale, die vor der Realität einer Initiation zurückscheuen und sich lieber einer einfältigen Indoktrinierung mit Konformismus unterziehen, welche die Leute so konfus macht, daß sie die Situation, in der sie sich befinden, kaum mehr kritisch erfassen können. Ich werde versuchen, dies genügend klarzumachen, obgleich es viele andere gibt, die sich ebenfalls mit diesem Problem auseinanderzusetzen begonnen haben.

Ich glaube, wir müssen den Begriff «Erziehung» in der Tat in einem sehr breiten Rahmen definieren, da wir sonst unser Ziel von vornherein verfehlen.

Nehmen wir also Erziehung als das sich summierende Wechselspiel zwischen der ständigen Selbstgestaltung des Menschen und den formativen Einflüssen anderer Menschen während seines ganzen Lebens. Mit Selbstgestaltung meinen wir hier die Entwicklung einer gewissen *Art* von Person, die bestimmte spezialisierte Fachbereiche beherrscht. Selbstgestaltung bedeutet hier außerdem, daß die Subjekt/Objekt-Spaltung insofern transzendiert wird als der Mensch, und *letztlich* nur er allein, diese Pole miteinander verschmilzt und zum aktiven Benutzer des passiven Moments seiner Erfahrung wird und zum passiven Zeugen seiner Aktivität und der Aktivität anderer, bis diese Zeugenschaft selbst zu einem Akt wird usw. Doch meint der Ausdruck «während seines ganzen Lebens» nicht die biologische, in Jahren definierte Lebensdauer eines Menschen. Dieser Ausdruck schließt die Tatsache nicht aus, daß wir auf irgendeine wahrnehmbare Weise vor und nach den biologischen Tatsachen unserer Geburt und unseres Todes leben und erfahren kön-

nen, genausowenig wie er die zusätzliche Möglichkeit der konkreten Phänomenologie einer solchen Erfahrung ausschließt.
Bedenken wir einmal, wie für uns schon vor unseren biologischen Anfängen und den Anfängen unserer Eltern und Großeltern eine bestimmte Lebensform geplant ist (wobei wir selbst natürlich ähnliche Planer für das Leben anderer sind). Allerdings wollen wir in diesem Zusammenhang die Ausweitung dieser Planung auf den Bereich unseres körperlichen Todes vorläufig ausklammern.
In den letzten beiden Jahrzehnten durchgeführte Forschungsarbeiten über die Entstehung von Schizophrenie in Familien haben eindeutig gezeigt, wie Geisteskrankheiten intelligibel werden, wenn man die Kommunikations-Aktions-Systeme im jeweiligen Familienverband durchschaut. Die durch diese Untersuchungen in jüngerer Zeit gewonnenen Erkenntnisse zeigen, wie wichtig es ist, bis zur *dritten Generation* (also bis zu den Großeltern des angeblich Verrückten) zurückzugehen, wenn man diese Intelligibilität adäquat entwickeln will. Ich möchte behaupten, daß man in solche Untersuchungen nicht nur die zurückliegende vierte Generation einschließen muß, sondern daß man, um zu einem echten Verständnis zu gelangen, in eine Vergangenheit hinabtauchen muß, die jenseits der bewußten Erinnerung an irgendein Familienmitglied, das man je gekannt hat, liegt.
Diese noch weiter zurückliegende Vergangenheit wird durch Träume, durch «psychotische Erfahrung» und durch gewisse drogenerzeugte Zustände erinnert, doch, glaube ich, auch durch eine angemessen strukturierte, gegenwärtige Erfahrungssituation, die zu einem äußerst zentralen Anliegen der Erziehung werden sollte. Dies ist deshalb richtig, weil das, was ich zum Verständnis eines sogenannten Schizophrenen angeführt habe, genauso für das Verständnis des Lebens von uns allen gilt, sowie der trügerische Schein von Normalität einmal abgeblättert ist.
Um dies zu veranschaulichen, möchte ich den aufschlußreichen Traum eines einunddreißigjährigen Mannes erzählen, eines jüdischen Filmregisseurs. Mit dreiundzwanzig hatte dieser, wie er glaubte, endgültig, sein Elternhaus verlassen und ein Mädchen aus einem notorisch antisemitischen Land geheiratet. Es kam zu einer Krise in ihrer Beziehung, und nach einer Reihe von Familiensitzungen (da ging es um eine jüngere Schwester, die einen «schizophrenen» Zusammenbruch erlitten hatte) und mehreren Einzelsitzungen (die sich mit seiner «Ehekrise» und einer «Arbeitsblockierung» befaßten) hatte dieser Mann folgenden Traum:
Der Traum, den er träumte, schien jedem Menschen in der Welt zu gehören. Sein Traum schien sich durch ihn an Massen unbekannter, aber ganz bestimmter Menschen zu wenden. Ein Satz, der im ganzen Traum immer wiederkehrte, war: «Ich habe mein Buch verloren.» In seinem

Traum ging der Mann in einem arabischen Dorf im Nahen Osten auf ein Haus zu. Nach einem Zwischenspiel, in dem er sich einem weißen und einem schwarzen Mädchen verband, entstieg er dem Hausdach und gelangte so in eine Wüstenlandschaft. Dort stieß er auf eine Hütte, in der er einem alten Rabbiner begegnete. Er saß auf einem sehr kleinen Schemel vor dem Rabbi. Alle Verfolgungsängste aus dem vorangegangenen Teil des Traums schienen sich nun aufzulösen, und ein Gefühl aus Verlorenheit und Trauer ergriff ihn. Doch plötzlich brach er in Gelächter aus, so stark, daß er von seinem Schemel kippte. Eine kurze Slapstickszene folgte, in der sich er und der Weise krumm und schief lachten. Er erwachte mit dem starken Gefühl: «Das war nicht nur mein Traum.» Der Träumende hatte seine Nabelschnur gewissermaßen bis zu ihrem Ausgangspunkt zurückverfolgt, wo sie im Gelächter der beiden zerriß. Dann fand er sich plötzlich allein in der Welt und den anderen sah er nun als anderen.

Ich glaube, es spricht vieles für die Tatsache, daß die intra-uterine Periode (von der Zeit davor gar nicht zu reden) nicht nur sieben oder acht Zehntel, sondern vielleicht sogar, um bei diesem Zahlenscherz zu bleiben, neun Zehntel der Erfahrung ausmacht, die jeder von uns sein eigen nennt. Eine Ebene intra-uteriner Erfahrung erstreckt sich sicher durch unser ganzes Leben und beschränkt sich nicht auf die ersten neun Monate. Wie können wir uns an ihn erinnern oder wie können wir ihn überhaupt vergessen, jenen kaskadenartigen Blutfluß in der Unterleibsaorta unserer Mutter mit seinem regelmäßigen, disziplinierten, biologischen Uhrwerk, dieses gebrochene Echo des weiter entfernten Herzschlags, dessen Gegenrhythmen die ruhigeren und zugleich spontannervöseren Borborygmi bestreiten, und dazu die unglaubliche Orchestration der Atemgeräusche, das Knarren sich anspannender und entspannender Muskeln, die Hand der Mutter, die unseren Bewegungen nachspürt und das achtsam-achtlose Betasten des Arztes oder der Hebamme? Wie können wir die Mittel vergessen, die uns am Leben halten oder uns den Tod geben sollten? Wie die Phantasien, die unsere Mutter hatte, weil endlose Zeit vor ihr andere Leute Phantasien über sie gehabt hatten? Wie die Entstehung unseres Nervensystems und die Erinnerung an die genetische Möglichkeit seiner Nicht-Vollendung? Wie können wir die Ausbildung unseres Geschlechts vergessen, die unsere spätere Freiheit es von Zeit zu Zeit zu modifizieren in Frage stellt? Oder später dann dieses Erlebnis, auf die Welt zu kommen, eine Welt, die aus grellem, klinischem Licht besteht, aus pflichtbewußten, wenig begeisterten Händen, aus dem metallischen Klirren von Chrominstrumenten und aseptischen Tabletts, aus der Zudringlichkeit der Finger der Hebammenhände, die uns befehlen zu warten oder vielleicht sogar befehlen, kurz noch einmal in den Bauch zurückzukehren, bis «sie» bereit sind – «sie», verkleidet als der Augenblick *unseres* Bereitseins, zur Welt zu kommen? Wie können wir vergessen, wie wir dann tatsächlich gekommen sind und wie wir auf den Servierteller gelegt wurden, um in einem abschließenden Kindsmord konsumiert zu werden von einer Welt aus verzehrten, knochendürren und skelettartigen Leuten? Dann brüllten wir, und unsere kräftigen Lungen öffneten sich wie von selbst, aber an dieses Brüllen erinnern wir uns als etwas, was wir nie wieder tun werden – es sei denn in einem Wagen mit heruntergekurbelten Fenstern, der mit 120 Sachen durchs Land braust? Mit unserer Geburt endet der *körperlich* gefühlte und verwirklichte Protest. Doch mag es andere Formen des Protests geben gegen das vorgegebene und bei der Geburt zerstörte Recht, der Welt ein «Nein» entgegenzuschleudern. Nein, fangen wir noch einmal an, aber besser dieses Mal, denn dieses Mal ist unser Mal, dieses Mal ist unsere Zeit. Die Ärzte und die Mütter werden sich unserer Zeit unterordnen müssen und werden ihre Zeit durch unsere Zeit finden, denn die Alternative ist Becketts Bild vom Totengräber-*accoucheur*, der in dem Grab, das er eben gegraben hat, wartet, um das Kind aufzufangen, das aus dem Bauch der Mutter direkt über dem Grabrand in seine Hände fällt – das aber sind auch ihre Hände und unsere Hände.

In der Tat haben wir es hier mit einer kritischen Erziehungsphase zu tun, wobei Erziehung allerdings in einem bivalenten Sinn gemeint ist. Wir haben es hier mit einer wechselseitigen Beeinflussung der Erziehung des zur Welt kommenden Menschen einerseits und der Erziehung der Mutter, des Arztes und der Hebamme andererseits zu tun. Die Erziehung, der sich die Erwachsenen unterziehen sollten, besteht in der unmittelbaren Aufgeschlossenheit gegenüber der Erfahrungswelt des Säuglings – der Erwachsene sollte es pragmatischen Resonanzen gestatten, bis zu seinen eigenen Geburtserfahrungen hinabzudringen. Meiner Ansicht nach werden uns diese Erfahrungen eher *abgelernt* durch den Prozeß einer äußerst bewußten Mißerziehung als daß sie verdrängt wurden im üblichen psychoanalytischen Sinne. Der Begriff «Verdrängung» ist in der Freudschen Theorie ein ausgezeichnet definierter Terminus, und man darf mit Gewißheit annehmen, daß es im ersten oder in den ersten beiden Lebensjahren des Kindes zu einer einschneidenden Verdrängung kommt, ausgelöst durch ein präreflektives Lehren der Mutter. Das heißt, das Kind verinnerlicht Aspekte des Zugegenseins der Mutter, die das Festhalten an der Geburtserfahrung ausschließen, doch ist die Mutter nicht nur einer ähnlichen Situation mit ihrer Mutter unterworfen gewesen, sondern zusätzlich einer ganzen Menge bewußter und bewußt angewandter sozialer Erfahrung, die nun bewirkt, daß sie das Kind *vergessen* macht. Das ist offensichtlich darauf zurückzuführen, daß die am stärksten tabuierten Bereiche menschlicher Erfahrung auch die Erfahrung von Geburt und Tod umfassen – gar nicht zu reden von der Erfahrungswelt vor der Geburt und nach dem Tod. Die

genaue Beschreibung der Wirkungsweise von Inzesttabus und von sexuellen Tabus überhaupt war eine notwendige historische Einführung in dieses umfassendere abgekartete Spiel des Menschen, der sein Entsetzen mit dem Wort «Nein» zum Ausdruck bringt.
So kann also das, was seiner Wirkung nach einer Repression durch eine Vielfalt bewußter Manöver gleichkommt, ziemlich konkret erkannt und durch Gegenerziehung bekämpft werden. Das kleine Mädchen wird ständig mit Objekt-Babies versorgt (wobei die «vollkommeneren» Puppen die teuersten sind), bevor es ihm noch gelingt, *sein eigenes* Baby zu werden, und so kommt es, daß das Mädchen die Erfahrung seiner Geburt und Kindheit zu vergessen lernt, daß es nicht sein eigenes Kind wird, sondern bloß kindlich oder, wenn es später im Leben in diesen Bereich zurückkehren möchte, kindisch (regressiv, hysterisch usw.). So wird das Mädchen zu einer Mutter wie ihre Mutter und alle anderen Mütter erzogen, die erzogen wurden, nicht um sie selbst zu sein, sondern um «wie Mütter» zu werden. Das erinnert mich an eine Geschichte, die mir ein Kollege erzählte. Sie spielt in den USA und handelt von einem jungen Mann (später natürlich für psychotisch erklärt), der das vollbesetzte Passagierflugzeug, mit dem seine Mutter in Urlaub flog, in die Luft jagte. Zuvor hatte er seiner Mutter eine Muttertagskarte mit folgender Widmung geschickt: «Für jemanden, der mir wie eine Mutter war.» Vielleicht befindet sich diese Bombe mit Zeitzündung in diesem Augenblick auch unter unseren Sitzen, weil wir zu verwirrt sind, um sagen zu können, wer unschuldig und wer schuldig ist, und wir sind deshalb verwirrt, weil wir, zwanghaft gehemmt wie wir sind, zögern, diese Frage überhaupt zu stellen. Wie sehr unterscheidet sich doch, von dieser Ebene aus gesehen, das Schicksal eines jeden von uns von dem des gejagten Guerillas in Vietnam oder Angola oder Brasilien, der seine Schußwaffe fest in der Hand hält und in seiner eigenen ihm wirklich angemessenen Metapher sagt: «Ich bin hier, ich bin ich, laßt mich sein und laßt mich die wählen, mit denen ich sein will, *denn wenn ihr das nicht tut...*»
Der Schritt von der Verdrängung (die zwar modifiziert und sozial angepaßt werden kann, uns aber im wesentlichen bleibt, um, wenn möglich, dem «Gemeinwohl» zu dienen) zur direkten Unterdrückung ist uns heute völlig durchschaubar geworden. Die Unterdrückung mag unaufrichtig sein und sich mittels eines liberalen Intellektualismus ins Gewand einer gewissen Verschlagenheit kleiden, aber, real gesehen, läuft sie darauf hinaus, daß alle verfügbaren Waffen eingesetzt werden. Die Paranoia als auflösbare Phantasie hat sich überlebt, und statt dessen behauptet heute der Verfolgungswahn als reale soziale Tatsache das Feld. Wenn wir noch Überreste von paranoiden Phantasien und Über-Ich-Problemen haben, *dann ist vielleicht ihre Benutzung der Akt, durch den sie aufgelöst werden.* Wenn wir wirklich Anteil nehmen, mögen wir

wünschen, daß die Psychoanalyse, eines der potentiell stärksten Mittel zur Befreiung, keinem reaktionären Mißbrauch ausgesetzt wird. Wenn wir weniger Anteil nehmen, mögen wir einfach nur wünschen, daß die *Basis* aller politischen Reaktion, also emsig gelehrte Nicht-Erfahrung, beseitigt wird.

Alle diese Dinge haben unmittelbaren Bezug zu der Lage, in der sich heute junge Leute befinden, die für ihre Freiheit in einer eigenen Zukunft und gegen eine Zukunft kämpfen, wie sie ihnen als Ersatz und in aller Liebe von ihren Eltern und Lehrern vorgeschrieben wird. Die falsche Zielsetzung hier ist offensichtlich der Versuch, sich durch eine Änderung der eigenen Eltern freizumachen – man wird *selbst* frei sein, wenn *sie* endlich frei sind. Doch worum geht es den Eltern denn – doch nur um die Benutzung «ihrer» Kinder, die sie zu ihren Eltern machen möchten, um so deren Aggression zu absorbieren (und das ist doch auch wieder Bestrafung der Kinder, indem die Eltern nämlich deren Autonomiebestrebungen wieder und wieder entstellen). Der bourgeoise Familienkern kann offensichtlich ohne diese Rollenverkehrung, die das vorausgegangene Rollensystem bestätigt, nicht funktionieren. Eine verkehrte Verkehrung also, durch die das Kind die Familie unter allen Umständen zusammenhalten muß – die teuersten Beruhigungsmittel auf der Verschreibungsliste des National Health Service bestätigen dies in der Regel. So dreht es sich also auch hier wieder darum, wie man das Rezept ungültig macht, das uns selbst ungültig machen möchte.

Wenn man schon seine eigenen Eltern nicht ändern kann, aber trotzdem zu einem Punkt der Großzügigkeit gelangt, von dem aus man ihnen ihre eigenen Probleme zugestehen kann, kann man zumindest versuchen, seine Lehrer zu ändern. Dabei kann es zu der «gefährlichen» Verwandlung eines Volksschullehrers und Elternersatzes in einem Menschen kommen. Wenn der Volksschullehrer, wie es tatsächlich häufig der Fall ist, der erste «wichtige andere» außerhalb der Familie ist, wie kann er dieses sein «Außerhalbsein» den Schülern klarmachen, ohne daß er Zensur oder Entlassung durch das kleinliche Beamtentum des lokalen Erziehungswesens zu befürchten bräuchte? Dieselbe Frage stellt sich für die Dozenten an Universitäten und Colleges. Die Antwort, sicher keine einfache, ist zweifellos die, daß es innerhalb des Systems so viel Klarblick wie möglich zu entwickeln gilt, daß man sich so klar wie möglich darüber wird, was man lernen will (nicht lehren übrigens, denn Lehren ist reine Kollaboration) und daß man dann auf einen möglichst massiven Ausfall von Lehrern, Schülern oder Studenten hinarbeitet, bis schließlich die eigenen Bemühungen, Hand in Hand mit ähnlichen Bewegungen in anderen Institutionen, den Schul- oder Collegebetrieb so endgültig und maßgebend wie möglich lahmlegen. Das aber heißt, allen Machenschaften zuvorkommen, die einen mittels Ghettoisierung oder anderer Methoden wieder ins System eingliedern wollen.*

Das Problem ist also nicht nur, daß man aus dem System ausscheidet, sondern auch wohin man ausscheidet.
Ich selbst schlage eine völlig dehierarchisierte, mobile Struktur vor, die sich in einer permanenten Revolution befindet und deshalb jenseits ihrer Grenzen weitere Revolutionen hervorbringen kann. Die Universität* (oder, im heutigen Stadium der Geschichte, das, was wir als Anti-Universität, als Gegen-Universität oder als Freie Universität bezeichnen müssen) ist ein weitläufiges Netz, das gegenwärtig fünfzig oder sechzig bis zwei- oder dreihundert Leute umfassen kann. Sind es tatsächlich zwei- bis dreihundert Leute, so besteht das Prinzip, das die Gruppe zusammenschließt, darin, daß jeder einen ausführlichen Bericht über seine Arbeitserfahrung (also auch seine Erfahrung mit jedem anderen im Netz und mit dem Netz selbst) jedem geben kann, der bereit ist zuzuhören – die Initiative dafür muß man selbst aufbringen. Unvermeidlich fühlen sich dabei Gruppen zu gewissen charismatischen Führern oder Lehrern hingezogen. Allerdings besteht in diesem Rahmen die wesentlichste Eigenschaft des charismatischen Führers darin, daß er sich nicht das Charisma anderer aneignet, so daß es möglich wird, daß sich Gruppen von der ursprünglichen Gruppe lösen und ihre eigenen charismatischen Zentren mit sich nehmen. Diese neuen Gruppen entwickeln sich ähnlich, und wenn auch sie neue Gruppen hervorbringen, dann so, daß – wenn nötig – eine lockere Verbindung zur ursprünglichen Gruppe erhalten bleibt. In jedem Fall kommt es zu einem entscheidenden Zusammenbruch der akademisch-bürokratischen Opposition von Lehrer und Belehrtem.
Das Wechselspiel dieser Gruppen erwächst aus gemeinsamen Interessen und Anliegen, doch wird diese Gleichgesinntheit durch die Autorität eines oder mehrerer Gruppenmitglieder diszipliniert. Solche Systeme sind antithetisch jedem autoritären Regierungssystem. Zuweilen münden gemeinsame Bedürfnisse in den Wunsch nach einer streng wissenschaftlichen Behandlung eines Gegenstands durch eine bestimmte Person oder nach der Planung einer Reihe von Vorlesungen über ein gewisses Thema. Die Durchführung übernimmt dann das Gruppenmitglied, das auf diesem Gebiet am meisten beschlagen ist. Doch ist der springende Punkt der, daß sich echte Disziplin und Strenge nur durch eine solide Basis von Freiheit und Vertrauen innerhalb der Gruppe entwickeln können. Die «Qualifikationen» des Menschen, der eine solche Gruppe gründet, richten sich nach seinen früheren Leistungen im Reden, Schreiben und in der schöpferischen wie politischen Arbeit. Allerdings fasse ich diese Begriffe als sehr weit definiert auf, so weit, daß zum Beispiel der Begriff «schöpferische Arbeit» die Poesie der Geste eines voll durchlebten Wahnsinns einschließt. Darüber hinaus sind keine Qualifikationen erforderlich. Außerdem gibt es weder eine Altersbegrenzung noch irgendwelche «Klassen»- oder Prüfungsstruk-

turen. Wenn jemand einen Bericht über die geleistete Gruppenarbeit benötigt, würde man diesen in allen Details gemeinsam abfassen, das heißt unter *Einschluß* der Person, die diesen Bericht benötigt. Um gute Miene zum bösen Spiel zu machen, kann natürlich ein in der Gesellschaft angesehener «Lehrer» ein besonderes Zeugnis ausstellen, das vom System anerkannt wird. Die Notwendigkeit in einer prärevolutionären Gesellschaft, seinen Lebensunterhalt verdienen zu müssen, läßt sich nicht umgehen. Gruppenmitglieder können bezahlte Lehrstellen annehmen oder von Stipendien leben, bestimmt zum Studium an einer offiziellen Universität, oder sonst irgendwelche Arbeit annehmen.

Die Zellen würden im offiziellen Rahmen einer Universität oder Schule als eine Art Gegengift gegen das System oder völlig unabhängig arbeiten. Im letztgenannten Fall würden sie als Basis bestimmte Fabriken haben oder als Versammlungen in Privathäusern*, Gaststätten und Cafés arrangiert werden; aber vielleicht können in Zukunft auch Kirchen für solche Veranstaltungen besetzt werden. Die Finanzen und die Sorge für die Räumlichkeiten ist Sache der ganzen Gruppe.

Im erstgenannten Fall bietet sich allerdings die Möglichkeit, sich der Einrichtungen derer zu bedienen, die sich sonst unseres Denkens bedienen. Universitätseinrichtungen werden in den Dienst der Zellen gestellt und dienen unter anderem auch zum Essen, Schlafen und Vögeln. Die Beteiligung des Lehrkörpers ist natürlich willkommen, doch ist die Auferlegung von offiziellen hierarchischen Strukturen von vornherein zu unterbinden. Jeder kann der Gruppe angehören – auch Nicht-Akademiker aus dem Universitätspersonal oder Leute von außerhalb der Universität. Letztere werden natürlich aufgefordert, eine eingehende Darstellung ihrer Arbeit zu geben.

Wenn eingewendet wird, daß das rein technische Lernen – sagen wir auf dem Gebiet der Wissenschaften und der Medizin – durch eine solche «anarchische» Entwicklung verhindert werden kann, sollte man sich klarmachen, daß die von mir hier beschriebenen Gruppen eine menschliche Vervollständigung der *techne* sind. Natürlich geht das technische Lernen weiter, doch ist es nicht mehr *nur* technisches Lernen, und die überfüllten Vorlesungen, deren Stoff sowieso in Form von Lehrbüchern verbreitet werden könnte, würden Seminargruppen weichen, in denen der individuelle Gedankenaustausch ein volles «Lehrverhältnis» gewährleisten würde. Doch auch in diesem Fall wird es keine schriftlichen Prüfungen und Antworten auf Fragen mehr geben. Werturteile müssen *durch die Arbeit* gewonnen werden und dürfen nicht mehr zusammengebraut werden in irgendeiner absurden und irrelevanten Angstküche.

Eine der Hauptfunktionen der Zellen ist die Transzendierung des Unterschieds zwischen Therapie und Lernen. Allerdings dürfte hier eines der Haupthindernisse der starke Impuls sein, die Gruppenaktivität auf eine Therapie im tradierten Sinne zu beschränken. Dies spiegelt den Unterschied zwischen einzelnen Gruppenleitern, die in der Praxis entweder Lehrer oder Therapeuten sind oder werden wollen. Lehrer sind sich häufig unklar darüber, wie sie sich gegenüber der Neigung der Gruppe zur Therapie verhalten sollen; aber auch die Therapeuten haben mit Schwierigkeiten zu kämpfen, so zum Beispiel wenn sie ihre Erfahrung in einem verständlich gehaltenen und konsequenten Bericht formulieren sollen. Die Lösung dieses Problems besteht für Lehrer wie für Therapeuten jedoch vielleicht nicht darin, daß sie nun in ihren eigenen Gruppen versuchen, mit diesen bildungsbedingten Schwierigkeiten fertig zu werden, sondern darin, daß sie von anderen in der Gruppe, die dazu fähig scheinen, unterrichtet und «therapeutisiert» werden. Natürlich werden sie wahrscheinlich warten müssen. Oder es mag ein Kompromiß erzielt werden, indem sich mehrere Lehrer und Therapeuten zusammentun, um sich in der Gruppe rücksichtslos und ohne kritische Einschränkungen mit ihren Problemen auseinanderzusetzen, denn nur so wird die Gruppe offenbleiben jedem anderen Mitglied aus ihren verschiedenen Zellen, das sich anschließen und die Kommentare zur Arbeit kommentieren möchte.

Es gibt heute in der Ersten Welt eine weitverbreitete Sehnsucht nach großen Lehrern und geistigen Meistern, die, wenn sie auch nicht alle Probleme lösen können, doch zumindest den richtigen Weg zum richtigen Ziel zeigen können. Eines der ausgeprägtesten Merkmale des kulturellen Imperialismus sind nicht die kulturellen Modelle, welche die Erste Welt der Dritten Welt aufzwingt, was an sich schon brutal genug ist, sondern ist die Weisheit, welche die Erste Welt jeder älteren Zivilisation wie ein Parasit aussaugt. So entsteht eine reaktionäre Mystifikation, die von Mystik keine Ahnung hat. Wenn zum Beispiel einige Elemente des Mahajana-Buddhismus nach dem Westen verpflanzt werden ohne Rücksicht auf die unterschiedliche soziale Realität in Bhutan und San Francisco, dann ist das Ergebnis ein Quietismus, der insgeheim völlig mit dem ausbeuterischen System übereinstimmt. Echte Mystiker waren sich der Natur der Gesellschaft, in der sie lebten, immer äußerst bewußt, und in diesem Sinne waren sie wirklich politische Menschen.

Wenn wir von einer revolutionären Universität und einem neuen Lernbewußtsein sprechen, das jede Ebene menschlicher Erfahrung umschließt und das ausbricht* aus dem Gefängnis, der Gebäude und des Lehrplans von Schulen und Universitäten, müssen wir, glaube ich, die Bedeutung des «Lehrers» neu definieren, damit dieser Begriff auch Funktionen und Seinsweisen beinhaltet, die aus anderen Ländern und anderen Zeiten stammen. So ähnelt zum Beispiel die eigentliche Funktion des Lehrers sehr stark einer prophetischen Funktion. Der Prophet blickt aus seiner Gegenwart durch seine Vergangenheit in unser aller Vergangenheit und von dort in unsere Zukunft. Seine eigene Zukunft interessiert ihn nicht, denn sein Anliegen ist es, Klarheit zu gewinnen über die Zukunft all seiner Mitmenschen. Er glaubt nicht an die Außerordentlichkeit seiner Sicht von sich selbst, weil er weiß, daß er lediglich ein Lehrpotential verwirklicht, das in jedem von uns steckt, und weil er weiß, daß dieses Potential besonders ausgeprägt in jenen ist, die ihn am wenigsten beachten. Anstatt anderen eine Sehweise anzubieten, zeigt er ihnen den Weg zu einer möglichen gemeinsamen Schau, die aus der Begegnung entsteht. Wenn er mit einer Gruppe Menschen spricht, weiß er, daß zwischen ihm und einigen wenigen anderen gewöhnlich eine Begegnung stattfindet; davon abgesehen gibt es nur die Versammlung, die Leute, die zuhören ohne aufzuhorchen. Des Propheten Argument ist immer: «Wenn ihr mir zuhört, werdet ihr schließlich euch selbst zuhören – dann können wir einander zuhören und dann können wir sehen, wo wir stehen und wohin wir gehen!»

Der Guru aber, dieser Pseudo-Messias – übrigens sind die meisten Messias Pseudo-Messias – möchte seine Weltsicht anderen auferlegen und zieht ein Gefolge einer Versammlung vor. Er ist der einzige, der Führer, während der prophetische Lehrer jener ist, der seine prophetischen Kräfte in anderen entdeckt, die auf diese Weise in gewisser Hinsicht den Vorrang haben. Dieses Prinzip ähnelt einem anderen Prinzip, das auf politischer Ebene wirksam ist. Falsche Führer sind nichts als schattenhafte Erscheinungen mit einem künstlichen «Big man»-Charisma, sind passive Ausscheidungen aus nicht-humanen, institutionalisierten sozialen Prozessen, wie zum Beispiel die Hitlers, die Churchills, die Kennedys usw. Das echte Führerprinzip dagegen wird von Männern wie Fidel Castro und Mao Tse-tung verkörpert, die führen und es zugleich fast ablehnen zu führen, indem sie die Qualität der Führerschaft nach außen auf andere verteilen, so daß sich das Denken von Millionen von Menschen durch deren *eigene* Führerqualitäten belebt und daß jeder einzelne zum einzigartigen Anstoß des Kampfes wird.

Eine der Hauptfunktionen des Lehrers besteht also darin, daß er die alles durchdringende Illusion von der Impotenz allmählich zerstören muß. Nicht nur in den akademischen Institutionen, sondern in jeder Institution unserer Gesellschaft muß dem Menschen dabei geholfen werden, zu erkennen, wie die Macht der herrschenden Elite und ihrer Bürokratie *nichts* ist, wie sie nichts ist als *ihre* mißbrauchte und veräußerlichte Macht. Wenn dies geschehen ist, dreht es sich darum, diese Macht wieder zurückzugewinnen. Die dazu nötige Strategie ist äußerst einfach: Man muß den «Regeln» zuwiderhandeln, und dadurch wird die illusorische Macht in ihnen zu realer Macht in uns. Ich bin immer wieder erstaunt, wie beschränkte Leute wichtige Gespräche mit anderen einstufen. Wenn man eine wichtige Selbsterkenntnis auch nur einem anderen Menschen mitteilt, oder wenn man eine Einsicht formuliert, die man über diesen anderen gewonnen hat, kann die Verbreitung dieser

Ansicht durch eine unendliche Anzahl anderer erstaunlich sein – um jedoch in der Regel und unglücklicherweise nicht als das erkannt zu werden, was sie ist. Eine hinreichend wesentliche Erkenntnis eines Menschen kann die Beziehungen in dessen Familie und die Beziehungen in einem weiteren Kreis von Menschen radikal verändern. So kann der einzige wesentliche Einblick, den ein «gewöhnlicher» Mensch in eine persönliche oder breitere soziale Realität tut, Hunderte von Menschen beeinflussen. Wenn den Leuten aber öfter als einmal «ein Licht aufgeht», ist die Beeinflussung proportional natürlich größer. Viele Leute, die ihrer «grenzenlosen Enttäuschung» Ausdruck verleihen über die Einflußnahme ihres Denkens auf das Denken anderer oder über ihre persönlichen Beziehungen zu anderen grundverschiedenen Menschen oder über ihre Beeinflussung durch andere ebenso grundverschiedene Menschen, formulieren in der Tat – wenn auch in sozial nicht anerkannten Begriffen – die von mir beschriebene Erfahrung. Auf Grund ihrer vorausgegangenen Konditionierung zum Status des Opfers stimmen sie nun insgeheim ihrer eigenen Verwerfung durch die Gesellschaft zu, indem sie in ihr Bezugssystem Institutionen aufnehmen, so absurd wie zum Beispiel Scotland Yard, die Königin von England, den Präsidenten der Vereinigten Staaten oder die BBC. In der Tat ist das, was sie im wesentlichen sagen, und was unter dem oberflächlichen Kolorit ihrer Worte liegt, wahrer als zum Beispiel alles, was die banalen Institutionen vorbringen, auf die sie sich unterwürfig berufen.

Ein junger Mann, den ich kannte, fühlte sich in einer bestimmten kritischen Phase seines Lebens so verwüstet von der Falschheit, die ihn umgab, und das sowohl in bezug auf seine unmittelbaren Beziehungen als auch auf weniger unmittelbare Sozialstrukturen, daß er sich zu einer Ein-Mann-Invasion der BBC entschloß. Sein Ziel war, die Falschheit, die er erkannt hatte, zum erstenmal in seinem Leben in Worte zu fassen und anzuprangern. Seine Invasion ermangelte jeder Gewalttätigkeit, sie war verbaler Art, und vielleicht hätte er über den englischen Rundfunk tatsächlich zum erstenmal eine gewisse Wahrheit ausgesprochen. Doch natürlich wurde er auf der Stelle von einem Polizeiaufgebot hinausgejagt und in eine Nervenklinik gebracht, wo man ihn einer Elektroschockbehandlung unterzog. Es scheint, daß es in unserer Zivilisation bis heute für Menschen sozial unmöglich gewesen ist, ohne Angst- und Panikreaktionen Kommunikationsmöglichkeiten zu akzeptieren, die den sterilen, ausweichenden Platitüden des normalen sozialen Umgangs den Rücken kehren.

Mästen Sie Ihr Schwein

(aber vielleicht entpuppt es sich als Stachelschwein, wenn Sie Spitzen in dem entdecken, was ich hier zu sagen habe).

Natürlich sind Menschen Schweine. Und menschliche Institutionen sind natürlich Schweineställe oder Schweineproduktionsfarmen und Schlachthäuser für Schweine. Aber warum «natürlich»? Dieses «Warum» des «natürlich», das ist der eigentliche Lauf der Geschichte. Schweine fühlen sich in ihrer Schlammsuhle genauso wohl wie wir uns wohl fühlen im ökologischen Dreck unserer urbanen und ruralen Abflüsse und Abfälle. Schweine bringen ihre Jungen oft um und wir tun, wenn auch auf verschlagenere, humanoide Weise, dasselbe. So sind also diese Verhaltensweisen, in denen sich unbekümmerte Unordentlichkeit mit unwillkürlichem Kannibalismus mischt, einander eng verwandt.

Das konventionelle bourgeoise Elternpaar ist sowohl das super-ambisexuelle Schwein als auch eine gewaltige Speckfabrik. Hier liegt seine zentrale Doppeldeutigkeit. Diejenigen, denen die Flucht durch einen Notausgang oder in Verkleidung eines Arbeiters gelingt, enden meistens in einer riesigen Dranktonne oder in einem Gefängnis oder in einem anderen Schlachthaus. Nur wenigen gelingt es, nach viel Mühsal und Schmerz zu entrinnen und geistig gesund zu werden. Diese geistig Gesunden aber tragen unvermeidlich eine prophetische Bürde.

Wir anderen aber wälzen uns schließlich in ein Dreckloch, tief genug, um dort begraben zu werden oder wir lassen uns unter dem Kuppeldach eines Krematoriums zu einem überknusprigen Stück Speck verbacken, wobei wir auch noch die Füße oder (Schweins-) Haxen unserer Verwandten wärmen.

Es ist sicher kein Zufall, daß junge amerikanische Revolutionäre die Polizei und ihre Kollaborateure, die Psychiater, sowie die verlogene Obrigkeit überhaupt als «pigs» (Schweine) bezeichnen. Das Schwein ist eine eindeutige Identifizierung. Jener andere Ausdruck, «mother-fukker» (Mutterficker), ist insofern doppeldeutiger, als er entweder die Beschränkung der eigenen Sexualität auf die eigene Mutter oder eine Befreiung von Inzesttabus bedeuten kann.

Trotz seines Kannibalismus ist das Schwein das anal-genital einladendste Tier der Welt. Allen, die da kommen, reckt es sein Arschloch mit der vorstehenden analen Unterlippe entgegen. Wenn wir diese Einladung zur sexuellen Vermischung erkennen, können wir vielleicht einen Ausweg finden aus unseren viehischen Verhaltensweisen anderen gegenüber. Vielleicht hören wir dann auf, jenes seltsame Tier zu sein, das, wie Yeats in einem Gedicht schrieb, schlappschwänzig nach Bethlehem schlurft, um dort wiedergeboren zu werden. Vielleicht können wir nicht falsche Messias, sondern echte Propheten werden, indem wir nicht mehr aufeinander einschwätzen, sondern einander echte Botschaften vermitteln. Der falsche Messias veräußerlicht lediglich die bösen Geister des Wahnsinnigen und läßt sie in die Schweine fahren, die die Hänge von Gadara hinab in ihr eigenes Verderben rennen. Der echte Prophet dagegen geht mit persönlichem Beispiel voran und zeigt seinen Mitmenschen, wie man die dämonischen Kräfte entterrorisiert, wie man sie bei sich behält und wie man sie schließlich integriert und sich zum Freund macht. Man fragt sich, was aus dem Mann geworden sein mag, der durch Christus von seinen Dämonen so gewaltsam befreit wurde. Von diesem Menschen, der sagte, seine Zahl sei Legion, weil er so viele verinnerlichte Familien- und Präfamilienbilder in sich trug. Ich glaube, einer Sache darf man sich in dieser Parabel sicher sein: Gewiß, die Besessenheit verließ den Wahnsinnigen, doch sie starb nicht in den Schweinen – sie blieb *in vacuo*, verfügbar aller Welt. Besessenheit oder Wahnsinn treten zwar in jeder Person partikularisiert auf, aber gleichzeitig sind sie etwas, das den ganzen menschlichen Äther durchdringt. Wahnsinn ist die tastende Vision einer neuen und wahreren Welt, die verwirklicht wird durch die endgültige Destrukturierung der alten, konditionierten Welt.

Aber kehren wir zu den Schweinen zurück. Im Italienischen sind die Flüche *porco dio* und *porca madonna* angeblich Gotteslästerungen. In der Tat bittet man in diesen Anrufungen (man hebt seinen Blick dabei gewöhnlich zum Himmel) um die eigene schweinische Vermischung mit Gott und der Madonna – erhebt mich von dieser schweinischen Erde zu Eurem höheren Platz. Also sind sie doch keine Gotteslästerungen, sondern Invokationen. Englische oder französische Gotteslästerungen sind ihrer Art nach einfach. *Merde* bedeutet, daß du (oder etwas) ein Scheißdreck bist oder daß du dich zum Scheißen verdrücken sollst. Die Ausdrücke «fuck» oder «fuck you» entbehren jeder transzendentalen Qualität und sind in der Tat antisexuell. Das polnische «Hau ab und fick deine Mutter» ist genauso immanent. Schweine sind hier nicht einbezogen.

Wenn Schweine Flügel hätten, wie ein altes englisches Sprichwort sagt, wäre alles möglich. Aber vielleicht haben Schweine wirklich geheimnisvolle, unsichtbare Flügel, *und vielleicht sehen wir diese Flügel nicht, WEIL wir Angst haben, «alles könnte möglich werden»*. Wenn dem so ist, sind wir Schweine mit entweder unsichtbaren oder verkümmerten Flügeln. Für manche Leute sind die Flügel lediglich unsichtbar, können jedoch jeden Augenblick sichtbar werden. Andere werden mit ihren verkümmerten Flügeln nie, sogar im Traum nicht, aufsteigen und fliegen.

Es ist kein bloßer Zufall, daß Cerletti die «Behandlung» mit Elektroschocks in den Schlachthöfen von Rom erfand, wo Schweine durch elektrischen Strom getötet wurden. Die Schweine, die nicht sofort starben, zeigten bemerkenswerte Veränderungen in ihren Verhaltensweisen, und so kam er darauf, auch Geisteskranke zur Veränderung ihres Verhaltens mit Elektroschocks zu behandeln, ähnlich wie Hitler 60 000 Geisteskranke zu «experimentellen Zwecken» und zur «Verbesserung der Rasse» töten ließ. Das erinnert an den Genetiker Kallman, der gleich zu Beginn seines klassischen Werkes Methoden der Liquidierung genetisch Minderwertiger beschreibt, damit die Rasse gereinigt und die Kulturstufe der Menschheit angehoben werde. Viele Psychiater, die den Wahnsinn als genetisch und konstitutionell bedingt betrachten, sind von Kallmans Arbeit trotz deren zweifelhafter Methodologie und trotz der später veröffentlichten gegenteiligen Forschungsergebnisse beeinflußt worden.

Aber Schweinefleisch zu sein, wie wir es sind, ist eine schmerzhafte Sache. Es erinnert an die berühmte Geschichte von jenem Chinesen, dessen Haus niederbrannte und dessen Schweine auf diese Weise geröstet wurden. Der Chinese steckte seinen Finger in eines der toten Schweine, aber wegen der Hitze zog er ihn schnell wieder heraus. Dann steckte er seinen schmerzenden Finger in den Mund und entdeckte den köstlichen Geschmack. So wurde die Röstbarkeit von Schweinefleisch entdeckt. Zweifellos haben wir es in dieser Geschichte mit dem geheimen Wunsch nach einer Einäscherung des Hauses zu tun. *Alles Essen ist geheimes Opfer, alle Feinschmeckerei ist verkleidete Nekrophilie.*

Der-Mensch-das-Schwein nimmt vielerlei Gestalt an. In einem Londoner Metzgerladen hängt ein Plakat, das ein nacktes Mädchen darstellt, dessen Körper von Linien zerteilt ist, die die verschiedenen Fleischsorten veranschaulichen, nämlich Bruststück, Bauchstück usw. Es fällt nicht leicht, zu begreifen, wie Menschen solche Gewalt, die hier der Frau angetan wird, indem man sie zu einem bloßen, verachtenswerten Objekt degradiert, einfach übersehen können – und Frauen scheinen in dieser Hinsicht bis heute *am meisten* zu übersehen.

Besitzgier kann sich auf verschiedene Körperteile des Menschen, auf ganze Menschen, auf Menschengruppen oder sogar ganze Klassen erstrecken.

Orale Besitzgier ist vielleicht noch am begreiflichsten. Mütter spüren oft, wie ihre Säuglinge, besitzgierig wie sie sind, am liebsten ihre ganze Brust verschlängen – das heißt mindestens die Brust! Und wenn Säuglinge nicht richtig gestillt und nicht «instinktiv richtig» gepflegt werden, fordern sie natürlich mehr Nahrung, als sie objektiv brauchen. Diese orale Besitzgier wiederholt sich bei Leuten, die rauschgift- oder alkoholsüchtig sind – allerdings haben wir es hier mit vielen Schichten der Intelligibilität zu tun, die jenseits der infantil-oralen Situation liegen, und die analytisch erforscht werden sollten. Kannibalismus rangiert zwar als Besitzgierphantasie an erster Stelle, doch in der Praxis ist er ritualistisch oder unmittelbare Hungerreaktion (vgl. auch Paolo Pasolinis Film ‹*Der Schweinestall*›).

Melanie Klein hat die Besitzgier auf dieser Ebene so hervorragend beschrieben, daß ich mich sofort den ungewöhnlicheren Arten von Besitzgier zuwenden möchte.
Eine weitere Form der Besitzgier, mit der wir uns befassen müssen, ist *die exkrementale Besitzgier.* Das ausgeprägte Bedürfnis ist hier, auf andere Leute zu scheißen, sie anzufurzen, auf sie herabzupissen und, als schärfste Provokation, dem anderen ins Gesicht zu speien. Sie nimmt psychotische Ausmaße an (wobei «psychotisch» im konventionellen Sinne gemeint ist) wie zum Beispiel im My Lai-Massaker in Vietnam, diesem unmißverständlichen Schauspiel einer exkrementalen Besitzgier durch Entleerung. Ob jemand besitzgierig genug sein wird, um die Wasserstoffbombe zu werfen oder einen chemischen Krieg zu entfesseln, ist eine andere Frage.
Die Besitzgier wird, von ihrem Nach-Außen-Gerichtetsein einmal abgesehen, im wesentlichen durch ihr selbstzerstörerisches Wesen definiert – der, den man auffrißt oder auf den man scheißt oder dem man sich unterwirft, ist letztlich immer man selbst!
Die dritte Art von Besitzgier, die sich auf Körperteile erstreckt, könnte man als *Besitzgier der Verhaltung* bezeichnen. Es liegt auf der Hand, daß, wenn ein Kind seinen Stuhl verhält, den es sonst seiner Mutter als gefeiertes Geschenk offeriert hätte, es in einem gewissen Sinne ebenfalls besitzgierig ist (obwohl wir hier natürlich auch auf eine ausgeprägte Selbstsucht, auf eine ausgeprägte Selbstkontrolle der eigenen Handlungen stoßen). Eine geheimnisvollere Form ist die Verhaltung des Kindes im Mutterleib. Ich bin überzeugt, daß es sich hier nicht um eine besitzgierige Angst seitens der Mutter handelt; vielmehr glaube ich, daß wir es hier mit einer geheimen, wechselseitigen Besitzgier zwischen Mutter und Kind zu tun haben, die darauf abzielt, daß dieses in jener bleibt, wobei jedes das andere besitzgierig konsumiert durch ein leises viszerales Rauschen hindurch, durch das Wispern in der Nabelschnur, durch das Raunen in den Gedärmen, den Blutgefäßen, der Harnleiter usw. Um etwas von Prämaturität und Postmaturität zu verstehen, müssen wir zum Teil auch diese viszerale Sprache begreifen. Wenn jedoch die Besitzgier, wie es oft der Fall zu sein scheint, wechselseitig befriedigt, mag ein panikartiges Eingreifen unnötig sein. Doch befürchte ich, daß sich hinter dieser wechselseitigen Befriedigung keine echte Besitzgier verbirgt. Besitzgier verlangt die scharfe Trennung zwischen dem Besitzgierigen und dem, wegen dem der Besitzgierige besitzgierig ist. Die unmittelbarste Lösung des hier angeschnittenen Problems ist wohl die, daß der Besitzgierige seine Besitzgier analysiert und daß der andere, zumindest zeitweilig, dem Schauplatz dieser Besitzgier fernbleibt, wie schmerzhaft das auch immer sein mag. Besitzgier wird meiner Erfahrung nach nur selten von tatsächlicher Entbehrung, aber fast immer von Phantasien über Entbehrung verursacht. Diese Phantasien

gilt es zu durchleuchten. In der Tat ist Besitzgier häufig nicht auf eine tatsächliche oder eingebildete Entbehrung zurückzuführen, sondern auf einen *Exzeß* an Liebe. Ein Exzeß an Liebe führt zu einem Zustand, in dem unsere nicht-körperlichen Augen größer sind als unser metaphysischer Magen. Menschen, die auf diese Weise besitzgierig sind, ähneln Kindern, die nach dem Genuß von zu viel Süßigkeiten auf einer Geburtstagsparty krank werden.

Der Säugling muß spüren, daß er, bevor er zur Welt kommt, ein gesondertes, wenngleich gemeinschaftliches menschliches Wesen ist und daß er als solches empfunden wird. Dies läßt sich am besten dadurch erreichen, daß die Mutter ihren Unterleib mit jenem anderen neuen Wesen darin betastet und vor allem dadurch, daß die Eltern während der Schwangerschaft Sexualverkehr haben. Das Aufstoßen des Penis auf den Gebärmutterhals läßt den Säugling sich als eindeutig «anders» erfahren. Anderssein ist hier jedoch das klare Gegenteil von Entfremdung, denn Entfremdung bedeutet ja Fusion und Konfusion und Ichverlust in einem anderen Menschen oder in einem Arbeitsprozeß. Bewiesen werden diese Behauptungen durch die richtig erstellte Anamnese in der psychoanalytischen Arbeit. Doch handelt es sich hier eher um Erfahrung, die *wiedererlebt* wird, anstatt einfach und direkt erinnert zu werden. Der Mensch in der Therapie mag an einem bestimmten Punkt die fetalen Reaktionen auf einen elterlichen Koitus noch einmal nachvollziehen, ohne sich dessen bewußt zu sein und ohne eine Erinnerung im üblichen Sinne.*

Zum Schluß aber müssen wir uns mit der *Besitzgier nach ganzen Personen* auseinandersetzen, die alle bisher aufgeführten Arten von Besitzgier nach Körperteilen subsumiert. Wenn sich Leute zu einer Gruppe zusammenschließen, geschieht dies unter den verschiedensten Gesichtspunkten: Manche wollen sich Autonomie und Privatsphäre (im Gegensatz zu Einsamkeit) erhalten, während andere lediglich Familienformen repetitieren wollen, so daß die Autonomie der anderen bedroht ist: Ein solcher Wiederholungszwang ist ebenfalls Besitzgier, denn wir haben es hier mit einer Verletzung des inneren Hoheitsgebiets des anderen zu tun. Wenn diese Besitzgier die Oberhand gewinnt – häufig deshalb, weil sie von den anderen stillschweigend geduldet wird –, bricht die Gruppe oder das Netz gewöhnlich auseinander und persönliches Unglück bleibt dann häufig auch nicht aus. Ein solches Netz bricht dann aber auch auseinander wegen der konkurrierenden Besitzgier nach Zustimmung und Ansehen.

Außerdem gibt es natürlich noch das Bedürfnis, Produktionszweige mit Menschen zu füttern, was ebenfalls eine Art von Besitzgier ist, und das Bedürfnis, Computer mit Fakten über Menschen zu speisen, was auch Besitzgier ist.

Dann gibt es noch die völkermörderische Besitzgier, wie zum Beispiel

den Wunsch der US-Regierung, das vietnamesische Volk zu konsumieren.
Es scheint, daß zumindest wir in der Ersten Welt alle besitzgierige Schweine sind. Ich will keinen Schinken mehr sehen!

Das andere Land der Therapie

Gate, Gate, Paragate, Parasamgate, bodhi, svaha. (Gegangen, gegangen, nach jenem anderen Land gegangen, sicher in jenem anderen Land angelangt)

Eine der groteskesten Illusionen, die unsere Lebensplanung beeinträchtigen, ganz gleich, ob es sich um eine Einzelperson, eine Gruppe oder ein Kollektiv handelt, ist die Vorstellung vom «endgültigen Ziel». Andererseits klingt es durchaus vernünftig und achtenswert, wenn einer eine klare Vorstellung von dem hat, was er im Leben erreichen will. In der Tat, wie läßt sich das auch vermeiden?

Diese Zielvorstellung nimmt gewöhnlich verschiedene Formen an: Da ist einmal die vollkommene, befreiende Liebesbeziehung, in der schließlich alle Negativität transzendiert wird; dann der vollkommene Trip, der einen endlich «dorthin» bringt (woher man kam, um dorthin zu gelangen, oder wo dieses «Dort» liegt, solche Fragen werden nicht gestellt); und dann der vollkommene Orgasmus, der unsere Animalität und Spiritualität schlagartig zusammenschweißt; und schließlich die vollkommene Arbeit, in der man wirkliche Erfüllung findet – und sei es nur die der eigenen Leere. Aber am groteskesten wird es, wenn es um die Vorstellung von «Reife» geht, die häufig als ein Ziel der Psychotherapie postuliert wird. Realitätsgerecht formuliert bedeutet Reife den eigenen Ausverkauf an die herrschenden Wertvorstellungen der bourgeoisen Gesellschaft, verwirklicht durch die Plethora eines besonderen Bewußtseins, aber in völliger Unkenntnis der historischen Bedeutung der eigenen abgelehnten Verwandlung.

Sinnvoll wird meiner Ansicht nach die Vorstellung vom «reifen Menschen» erst, wenn folgende Voraussetzungen erfüllt sind. Erstens muß der Mensch «Manns genug sein», um die Frau in sich auszuleben. Aber der «reife Mensch» muß noch mehr Manns genug sein, um das Kind in sich auszuleben. Der reife Mensch ist der wahrhaft kindliche Mensch. Wenn man in seinem eigenen Leben bis zur Kindheit zurückgeht und weiter bis zur pränatalen Phase und darüber hinaus, entdeckt man in sich schließlich einen weisen alten Frau-Mann-Zwitter, den empirischen Beweis für eine Reife, eine entlegene Gereiftheit, die in einem selbst nur allzu rasch in Verwesung übergehen kann, denn sogar wenn man rechtzeitig daran ist (d. h. frühzeitig und noch nicht gefangen in der Zeit), hat die Verwesung fast schon eingesetzt. Jedenfalls erfahren gewisse Worte in einem solchen Prozeß eine völlig ungebräuchliche Bedeutung – ich meine Worte wie Mann, Frau, Kind, Reife, Altern und ebenso Worte wie Vater, Mutter, die eigenen Kinder, Bruder, Schwester usw.

Soll also das Wort «Reife» richtig verstanden und nicht ständig verkehrt angewandt werden, müssen wir seine offenkundige Antithese, die Neurose, einer wechselwirksamen Revision unterziehen. Um die Verwendung des Begriffes Neurose zunächst zu vermeiden, sei er umschrieben als eine Seinsweise, die man für kindisch hält wegen der eigenen Angst vor der Angst anderer, man könnte kindlich werden. Die bourgeoise Gesellschaft hat für Dostojewskijsche Idioten nichts übrig. Aber zumindest wird man, wenn man als «neurotisch» abgestempelt ist, effektiv in einen Bereich von sozialer Angst gedrängt, wofür man, ohne pervers zu sein, wirklich dankbar sein möchte. Die Angst ist die Angst vor dem Wahnsinn, vor dem Kindlichsein oder sogar vor dem Sein vor unserem Sein. Sie bewirkt, daß jede Handlung andere gegen einen selbst gerichtete Handlungen auf den Plan rufen kann, damit jede Spontaneität unterdrückt wird, die sozial brisante, archaische Resonanzen hervorruft. «In» «der Neurose» räumt man den Reaktionen anderer ein falsches Primat ein, und dann bittet man insgeheim und gezwungenermaßen deren Angst zu sich herein. Neurose ist also eine komplexe Strategie, eine Strategie, die unvermeidlich gehindert und gehemmt wird, eine Strategie, die darauf abzielt, daß man sich den Rückzug erkämpft, zunächst in den eigenen Kopf, ins eigene Denken, dann in den eigenen Körper, «und dann» . . .

Die Neurose zielt zumindest in die richtige Richtung; sie ist etwas, was nicht schiefliegt, und wirklich gute Therapie versucht unnötige Komplikationen dieser Strategie zu eliminieren und geht Hand in Hand mit einer fast didaktischen Intensivierung des Bewußtseins von jenen alltäglichen Taktiken, die eine entschiedene Ablehnung durch die Gesellschaft zu vermeiden suchen. Ich spreche hier von Therapie in dem Sinne, in dem ich uns alle als Therapeuten verstehe, weil in uns allen die Dualität von Therapeut und Therapeutisiertem angelegt ist, obwohl freilich das Moment des Therapeuten im Dienste eines umfassenderen sozialen Anwendungsbereichs in einigen ausgewählten, doch nicht erwähnten Leuten ausgebildet werden muß. Die Arbeitsweise der Therapie besteht im Wiedererleben verschiedener Zusammenhänge, wobei der «Patient» nicht der Freiheit beraubt wird, die Dinge auf seine Weise wieder zusammenzufügen. Die Arbeit des Therapeuten besteht im wesentlichen aus der negativen Praxis des Nicht-Beraubens, die auf der Erkenntnis beruht, daß *in diesem Kontext* der Beziehung sowieso niemand irgend jemanden irgendeiner Sache berauben kann. Der schuldige Therapeut meint immer, er gäbe zu wenig, doch liegt das «Verbrechen» hier im Schuldgefühl und nicht in der Frage des Genug- oder Nicht-Genug-Gebens. Die übelsten Folgen einer Therapie stellen sich ein, wenn der Therapeut sich um sich selbst, verkleidet als der andere, sorgt. Um eine therapeutische Veränderung zuwege zu bringen, darf sich der Therapeut vor allen Dingen weder in irgendeine Verkleidung noch in irgendeine klassische Abwesenheit flüchten. Nach einer Zeit, in der der ganze Prozeß fluktuieren mag und in der der Therapeut Fuß faßt, wird eine Begegnung zwischen den beiden Menschen möglich und das Zweirollensystem aus Therapeut/Therapeutisiertem, aus Analytiker/Analysiertem, aus Arzt/Verarztetem bricht in einer vollen Phase von *therapeia* in sich zusammen. Diese Zeit, nach der dies eintritt, wird als Zeit nicht von der einen oder der anderen Person definiert, sondern von jener zwischenpersonalen Region, die durch das volle Wechselspiel der personalen Zeitsysteme der beiden entsteht.

Aber da sucht zum Beispiel jemand wegen seiner «neurotischen Symptome» oder wegen seiner «frühen oder latenten psychotischen Symptome» den Therapeuten auf. Diese Symptome finden ihren sprachlich kohärenten Ausdruck in den mehr oder weniger deutlich artikulierten, verbreiteten Formen von Angst oder Schmerz. Besitzt der Mensch genügend Unterscheidungsvermögen, so sorgt er dafür, daß er nicht zum Opfer wird jener psychiatrischen Vorstellungsklischees, die auf «phobisch» oder «paranoid» lauten und die fünf oder sechs oder fünfzig oder sechshundert Bedeutungsvarianten kennen. An Hand einer gewissen Wahl von Sprachstrukturen entschließt er sich also, über seine Empfindung der Reaktionen von fremden Leuten auf seine Gegenwart zu sprechen, wie sie ihm den flüchtigen Eindruck vermittelten, er sei komisch oder in einem unbestimmten Sinn verrückt; oder aber er entschließt sich, die Echos, die Wellen oder Resonanzen in Worte zu kleiden, die er von anderen Leuten in jeder Situation empfängt und die Auskunft geben, wie er bei diesen Leuten «ankommt». Das ist sein Problem. In dieser Phase ist der Psychiater mit konventioneller Ausbildung bereits am Ende und der Psychoanalytiker mit seiner konventionellen Ausbildung muß nach Hause gehen und seine Schularbeiten nachmachen. Konventionelle Interpretationsmodelle, die auf der Beziehung zwischen Innen und Außen basieren – Verinnerlichung–Spaltung–Übertragung–Wiederverinnerlichung –, sind immer nützlich, doch kann es stets nur ein etymologisches Zurückgreifen auf den alten Begriff der *therapeia* sein (was u. a. auch «dem anderen dienen» bedeutet), wodurch das Dienen zum Hauptanliegen der Therapie wird. Aber dieses «Dienen» ist sozial nicht mehr relevant, es sei denn als verschärfte Selbstabwertung. * Dasselbe gilt für unseren Begriff «Walten» – man «waltet», um schließlich «verwaltet» zu werden.

Allerdings sollten wir das Problem nicht kleiner machen als es ist. Jemand sucht uns also mit «neurotischen» Symptomen auf, die vielleicht ungewöhnlich, aber trotzdem äußerst real sind. Ihre Realität gründet sich auf dem verzweifelten Wunsch, mit der normalen Welt einen Handel ums Überleben abzuschließen, ohne den dieser Mensch glaubt, einer unverfälschten personalen Realität, zu der er sich eben begonnen hat zurückzutasten, entsagen zu müssen.

Jemand suchte mich mit einer Reihe von Symptomen auf, die sich beim nochmaligen Durchzählen auf sieben beliefen. Dieser Mensch erinnerte

sich vage an einen Mythos, der, zumindest was die Zahl anlangt, seinen sieben Krankheiten zu entsprechen schien. Der Mythos handelte von einer Gruppe von sieben bebrillten Weisen, die vor ihren Augen keine Brillengläser, sondern Spiegel trugen. Es ist einfach, Symptome mittels einer geschickten Entmythologisierung einander zuzuordnen; etwas schwieriger und vielleicht mit einer ganzen Menge Therapie verbunden ist der Versuch, einen ursprünglichen Zusammenhang zu erkennen, der ganz einfach nicht an sich selbst glauben konnte, bis er in den abgeschiedenen Winkeln von sich selbst einen oder mehrere Spiegel entdeckte, die aus nichts gemacht waren als aus der immateriellen Materie seiner selbst. Symptome sind in der Tat eine Möglichkeit, sich selbst zu verstümmeln, und das Ich wird in diesem Stadium als irgendein Ziel falsch substantialisiert – man muß das eigene Ich sein oder werden.
Beim Examen für Psychiater pflegte einer der Prüfer Kandidaten zu fragen, warum Schizophrene so oft in Spiegel schauen. Die erwartete Antwort war: «Um sich ihrer Wirklichkeit zu vergewissern.» In der Tat ist dieses «Spiegelverhalten» von Leuten, die es riskieren, als schizophren bezeichnet zu werden, der Versuch, durch die soziale Erscheinung des Ich, durch dieses Ich für andere hindurchzuschauen und hinein in ein Nichts, das die Realität des eigenen Ich für einen selbst ist. Das In-den-Spiegel-Schauen dient nicht der falschen Absicht, das Gefühl einer ontologischen Unzulänglichkeit, eines Nicht-genügend-in-der-Welt-Seins bestätigt zu finden, sondern ist im Gegenteil der angestrengte Versuch, sich selbst *nicht* mehr zu sehen, sondern durch sich selbst hindurchzusehen als eine Person, die begrenzt ist auf ein relatives Sein, definiert von jeweils anderen. Nur wenige können diese nicht-relative Selbstbetrachtung länger als ein oder zwei Minuten ertragen, ohne daß sie das Gefühl haben, durch diese Selbstauflösung wahnsinnig zu werden. Wir benutzen also Spiegel, nicht um unser Ich zu sehen, mit der Möglichkeit, durch es hindurchzusehen, sondern um fragmentarische Manifestationen dieses Ich zu erkennen wie zum Beispiel Haare, Make-up der Augen, Sitz der Krawatte usw. Würden wir diese ausweichende Fragmentierung unseres Spiegelbildes vermeiden, so könnten wir die Erfahrung machen, daß «sich selbst sehen» immer «durch sich selbst hindurchsehen» bedeutet. Es kann nichts Entsetzlicheres geben.
Wenn man sein Leben als ein lineares Trajekt aus irgendeiner Vergangenheit sieht, das durch die Gegenwart in die Zukunft zielt, kann man der Täuschung (einer völlig normalen Täuschung, die Verrückte nicht kennen) erliegen, daß ein Endpunkt dieser Linie ein Ziel verkörpert, welches dieses Trajekt zusammen mit anderen «Lebenslinien» oder sozialen «Weltlinien» topographisch definiert und so unserem Leben einen Sinn gibt.
Doch was wir tun, ist lediglich, daß wir uns ein Stück aus dem Nichts unserer Zukunft herauspicken, das wir dann zum quasi-konkreten Ziel-

objekt auf dem Trajekt unseres Lebens machen. So aber versperren wir effektiv unsere Sicht durch unseren verzweifelten Wunsch zu sehen. Nach diesem vergegenständlichten falschen Ziel leben wir dann, und wir leben nach ihm, indem wir an ihm sterben. Jede Bedeutung, geschöpft aus einer Quelle außerhalb unserer Handlungen, tötet uns. Wahrscheinlich müssen wir uns damit abfinden, daß diese Bedeutung ganz einfach nichts ist als dieses Nichts des geometrischen Punktes auf unserer Lebenslinie, an dem wir uns in diesem Augenblick befinden. Vielleicht hat Gott ohne unsere Probleme schon genug Probleme, und vielleicht ist sein geringstes Problem das Problem, daß wir ihn zu einer Art bankmanagerähnlichen Bürgen für unsere Lebensziele machen. In der Tat dürfte – vorausgesetzt, daß wir eines gewissen Mitgefühls fähig sind – Gottes größtes Problem darin bestehen, nicht Gott zu sein. Vielleicht ist dieses Trajekt nicht mehr als der Flug des Steines, den *wir* in die Welt geworfen haben, die wir sind – gewiß aber sind wir nicht so substantiell wie der Stein, der wir zu sein versuchen, aber es ist vorstellbar, daß wir sein Flug sind und gewiß sind wir ein Augenblick seines Fluges. Um die Metapher abzuwandeln, könnte man auch sagen, daß wir die Stelle sind, von der Hokusais Welle kam und die es nicht mehr gibt. «Wir» werfen einen Stein in den Teich, der «wir» sind. Der Stein sinkt auf den Grund. Wir sind dieses «Auf-den-Grund-Sinken» und wir sind die Wellenkreise (die Wellen, *tsunamis*), die sich von dem Punkt, wo der Stein die Wasseroberfläche berührte, ausbreiten; doch diesen Berührungspunkt gibt es nicht mehr, denn der Stein hat sich von ihm fortbewegt zu einer Stelle, wo wir ebenfalls nicht sind (der Grund unseres Ich). Eine wahre Phänomenologie der physikalischen Wissenschaft muß sich mit dem Erscheinen von Aktionen und dem Verschwinden von Zielen befassen. Eine echte Phänomenologie des Ich basiert auf der Erkenntnis seines Nicht-Erscheinens, dessen Ergebnis kritische Abwesenheitserfahrungen sind. Anders ausgedrückt heißt das, daß das Ich immer der Ort ist, von dem wir gekommen sind und auf den wir zustreben, doch ist das Auftreten unseres Kommens das Verschwinden des Ortes, der stets existenzlos zurückbleibt in der Vergangenheit, in der Zukunft und, am offensichtlichsten, in der Gegenwart.

Die Erkenntnis der Nicht-Substantialität des Ich liegt an der Basis dessen, was wahrscheinlich die radikalste und am stärksten verwandelnde Erfahrung in der «Therapie» ist – die Erfahrung der wesentlichen Ironie im Mittelpunkt einer der qualvollsten persönlichen Lebenslagen, in die man geraten kann. Die beiden Ebenen, die diese Art von Ironie definieren, sind erstens die Ebene der vollen, leidenden Erkenntnis des «Problems» und zweitens die, auf der erkannt wird, daß es nur auf diese Erkenntnis der Problematik ankommt und nicht auf die Immaterialität des Ich, das sich selbst mit dem Problem belastet. Das Problem muß erkannt werden, aber untrennbar verbunden mit dieser Erkenntnis ist das Hindurchsehen durch das Ich. Und so möchte man nicht mehr aufhören zu lachen mit dem anderen, der hindurchsieht durch unser Ich und der hindurchsieht durch unser eigenes Hindurchsehen durch unser Ich. Der Schmerz bleibt völlig real, kann jedoch jetzt zum Spielball eines fröhlichen Ballspiels werden, ohne daß er seinen Wert als Schmerz verliert. Der Witz, der das ironische Bewußtsein in eine gleichzeitig explosive und implosive Realität hineintreibt, basiert auf der damit verbundenen Erkenntnis der Absurdität der Vorstellung eines schmerzgequälten Ich. Sicherlich kann man durch einen anderen Menschen leiden, doch ist das in gewisser Hinsicht eine direkte, unmißverständliche Sache und in diesem Sinne auch kein Problem: Zumindest weiß man, woran man ist. Die verwirrendere und kompliziertere Problematik, die ich hier meine, ist durch die Vorstellung bedingt, daß man sein eigenes Ich mit dem Problem belastet. Hinsichtlich der Selbsteinschätzung sind wir alle relationale Wesen. Wenn relationale Wesen Leute sind, die der Meinung, die andere über sie haben, den Vorrang einräumen von der Meinung, die sie über sich selbst haben, dann räumen relationale Wesen einem falschen Anderssein in sich selbst den Vorrang ein vor der Übereinstimmung mit sich selbst. Wir reflektieren über uns selbst, und in diesem Vorgang haben wir es mit dem reflektierenden Ich und dem Ich, über welches das reflektierende Ich reflektiert, zu tun, und natürlich kann man auch über das reflektierende Ich reflektieren und reflektiv sich entschließen, es zu annulieren und sich gleichzeitig entschließen, diesen Entschluß als solchen zu annullieren. Der Endeffekt dieses recht verbreiteten Kreisels ist die Erzeugung eines illusorischen Einzelich, einem Gegenstand vergleichbar, der völlig passiv und völlig freudlos in einem Fußballspiel um die Welt gejagt wird. Durch einige ironische Erkenntnisse kann man sich jedoch folgende Frage stellen: «Wer ist das Ich, gequält von dieser Problematik, wer ist das Ich, das sich selbst so quält?» Dann stellt man sich eine weitere Frage: «Und wie unterscheiden sich überhaupt diese beiden Ichs?» Wenn man sich diese Frage auf die einzig mögliche Weise stellt, nämlich auf paradoxe Art und voller spielerischer Absurdität, maskiert man sie gleichzeitig; das aber ist die ironische Befreiung in eine echte Einheit mit sich selbst hinein.

Kurz, wir müssen lernen, mit dem Schmerz zu spielen. Wenn nicht, wiederholen wir endlose, langweilige Spiele mit anderen und mit uns selbst. Therapie handelt vom Nichtspielen dieser Spiele und vom Nichtfragen von Fragen, die ja doch immer nur Lügen sind. Der Schmerz wird durch diese seine ironische Behandlung nicht entwertet, während die Freude in eine fast astrologische Konjunktion mit dem Schmerz hineingestoßen wird. Die Ironie ist, gemessen am Leben des Menschen, das revolutionärste Gefühl.

Jedes Kind, das braucht nicht erst betont zu werden, weiß alles darüber. Jedes Kind liebt sich selbst genug, und so kann es mit seinem Schmerz spielen, so lange, bis wir es unsere Spiele lehren. Wenn wir nun einen Blick in die Wiege der nächsten permanenten Revolution unseres Zeitalters werfen, entdecken wir, daß unser Marschlied ein *Wiegenlied* ist. Ein Lied allerdings, dem wir erst zuhören müssen, bevor wir es zu singen beginnen. Der gefallene Zustand des In-den-Schlaf-Fallens ist genauso verhängnisvoll wie einer Geliebten zu verfallen. Solche Gefallenheit ist konterrevolutionär im vollsten Sinne. Wir müssen schlafen und erwachen und lieben. Man fällt also in verschiedene Zustände einer Berauschung, die zuweilen der Liebe zumindest nahestehen. Dafür aber wird man geschunden oder, mit etwas Glück, vielleicht geliebt. Doch ab einem gewissen Punkt muß eine Abgetrenntheit die Oberhand gewinnen, so daß sich das quasi-monogame Paar der Welt öffnet. Alle Monogamie ist ein Vorwand für das, was sie ist. Eine vorwandlose Handlung kann zu einer Ausschaltung des Vorwands führen und auf revolutionäre Weise, so meine ich, das Beginnen der Liebe und die Geburt der Bombe einleiten – aber nicht jener Bombe.

Die Revolution der Liebe und des Wahnsinns

Die am weitesten verbreitete Angst, in Gesellschaftsordnungen der Ersten Welt zumindest verheimlicht oder schlecht oder gar nicht artikuliert, ist die Angst vor einem Wahnsinn, der keine Grenzen kennt, einem Wahnsinn, der das prästrukturierte Leben nicht nur eines Menschen zerschmettert, des Menschen, der «wahnsinnig wird», sondern eines ganzen sozialen Lebensbereichs – jeder, der jenen Menschen kennt oder jemanden kennt, der jenen kennt, wird von der Vorstellung ergriffen: Die Welt wird draufgehen, wir werden alle vor die Hunde gehen und unser ganzes Denken wird nutzlos und endgültig verpufft sein. Dem Nachdenken über das, was passiert, ist kein zeitliches Limit gesetzt. *Ihr* Wahnsinn, der Wahnsinn der anderen, wird zum Gemeingut, er ist *unser* Wahnsinn, und das Problem, das sich stellt, ist, wie wir unseren Wahnsinn an einen sicheren Ort verbannen können – an einen Ort, wo jene «anderen» ausgeschaltet sind –, in einem Woanders, wo jene «anderen» sicher unseren Wahnsinn für uns aufbewahren.

Anfälle von Geistesgestörtheit, Psychosen und Schizophrenie – von ihnen allen nimmt man an, daß sie einige Zeit dauern. Diese Zeit, welche Ironie!, ist von der Medizin vorgeschriebene Zeit. «Es» dauert Wochen, Monate oder Jahre. Mit erfolgreicher Behandlung ist «es» nur eine Frage von zwei oder drei Wochen oder Monaten. Ein paar Elektroschocks und ein paar Pillen (an denen die pharmazeutische Industrie schätzungsweise 1000 Prozent verdient) können das Problem auf ein Minimum reduzieren. Andernfalls, wenn das nicht der Fall ist, dauert es etwas länger, diesen oder jenen Menschen in eine sozial akzeptable Form zu pressen. Wir sollten nicht vergessen, daß Arzt und Chirurg zum Stammvater den Barbier haben, jenen Mann, der die Skalps der Leute zur richtigen Tonsur schnitt – oder zur falschen, je nachdem. Vor allem aber wird Enthaltsamkeit gefordert.

Die Bewegung geht immer vom Ficken zum Essen. Die tödliche Syphilis bleibt zurück in Indien, während wir im Westen des 19. Jahrhunderts von unserem Konsum aufgezehrt werden und sterben. Unser Konsum ist unsere Krankheit – das sieht man auf den ersten Blick.

Ich habe noch nie einen Menschen erlebt, der sich nicht in sein besonderes Verrücktsein begeben hätte und – ein gewisser Mangel an Interferenz durch die Behandlung vorausgesetzt – in einem Zeitraum von, sagen wir, zehn Tagen daraus wieder hervorgegangen wäre. Wenn ein anderer Mensch bei diesem Menschen, der die Erfahrung des Wahnsinns macht, bleiben kann, ohne daß irgendwelche fragwürdige Hilfe herbeigerufen wird, dann, glaube ich, kann sich dieser Mensch auf natürliche Weise durch seine Erfahrung hindurcharbeiten und vielleicht, wenn auch nicht unbedingt, um einer weiteren Aufhellung willen zurückkehren. Das einzige Problem hier ist die Frage, wie man nicht in die Mülltonne wandert – das heißt in die übliche Nervenklinik oder in ihre noch groteskere Nachfolgerin, die moderne allgemeine psychiatrische Krankenhausabteilung, in der alle diese «Krankheiten» ähnlich behandelt werden. Diese «Abteilung» ist die Eunuchisierung des Systems – und mit voller Subventionierung des Staates verwandelt sie sich in eine Fabrik, in der Menschen mit Nicht-Geist und Nicht-Denken produziert werden.

Die Gesellschaft der Ersten Welt ist natürlich eine Konsumgesellschaft. Die Gesellschaft der Zweiten Welt verlangt es natürlich nach demselben Schicksal, wobei lediglich einige zusätzliche theoretische marxistisch-leninistische Qualifikationen über das, was diese Gesellschaft vorstellt, zur Debatte stehen. Es ist schon ein seltsamer Zug der Geschichte, daß man die tödlichste Krankheit des imperialisierenden Europa «Auszehrung» (Schwindsucht) nannte, ja sogar «galoppierende Auszehrung», wenn sie allzu böse und allzu rasch dem Tod entgegenstrebte, wobei sich in der abschließenden Euphorie die quietistische Ansicht ausdrückte, daß in Wirklichkeit gar nichts passierte: Ich sterbe, aber ich werde ausgezehrt von einem Bazillus von innen her, also macht euch keine Sorgen, habt Geduld und wartet noch ein bißchen. Diese Krankheit hielt sich an keine Klasseneinteilung: Man mochte Schornsteinfeger, als Soldat in Südafrika oder ein bedeutender Schriftsteller sein, man starb trotzdem an der Krankheit, die die Erste Welt in die Welt setzte. Und über die Jahrzehnte hin hatte Keats sie, Katherine Mansfield hatte sie, Simone Weil hatte sie und *du* kannst sie auch haben. Hab sie und laß dich von ihr haben, leb von ihr und stirb an ihr.

Das Land A (sagen wir die USA) kauft Tomaten vom Land B (sagen wir von einem verarmten südamerikanischen Staat) und verkauft sie in Form von Tomatenkonserven mit 300 Prozent Gewinn an dasselbe Land. Bekannt ist uns dieser Vorgang unter den Namen (Entwicklungs-) Hilfe, und diese Art von Hilfe kommt sehr nahe jener anderen Art von (ärztlicher) Hilfe, denn beide veranschaulichen sie Möglichkeiten, die soziale Welt auf einer mikro- oder makro-sozialen Ebene in Ordnung zu halten.

Die emotionale Neigung zum Faschismus ist heute erschreckend verbreitet. Faschismus ist heute nicht mehr bloß Sache der Miliz, der Polizei und Geheimpolizei, die im Interesse des kriselnden Monopolkapitalismus brutal gegen Andersdenkende vorgehen. Heute verwandeln sich schon die gemeinnützigsten Institutionen unserer Gesellschaft in einer Weise zu Institutionen der Unterdrückung, die einem die Gaskammern von Auschwitz als naiven, stümperhaften Massakerversuch erscheinen lassen: Der letzte zyanidisierte Atemzug ist nichts als der Beginn der Folter. Methoden der Ausrottung körperlichen Lebens führen natürlich zu Methoden der Liquidierung von Geist und Seele, und dieser ganze

Bereich einer *techne* besitzt heute bereits eine abgedroschene Qualität. Wirklich grauenhaft wird es allerdings erst, wenn niemand auch nur daran denkt, gegen die Ausrottung des Denkens Bedenken zu äußern. Werden die Torturen der Körper unbedenklich hingenommen, so beweißt das, daß die bedenkenlose Unbedenklichkeit der Mörder von Geist und Gefühl wesentlicher Kern der Natur dieser tödlichen Arbeit ist. Wir leben weiter, hinein in ein Zeitalter wohlwollender Anteilnahme, das wir hervorbringen und das uns hervorbringt. Jeder nimmt Anteil am Schicksal des tschechoslowakischen Anti-Stalinismus, aber niemand kümmert sich genügend um sich selbst, um zu erkennen, wie jeder Aspekt unseres Lebens einer Computerkontrolle unterworfen wird – von einem Protest dagegen wollen wir gar nicht reden. So treibt man uns in einem falschen Status zusammen, und dieser Status, das ist «der» Staat.

Was der richtige Status ist – diese Frage sei hier ausgeklammert. Wir wollen uns an dieser Stelle nur mit dem falschen Status, mit *dem* Staat befassen. Der Finanzminister dieses Staates ist ein hervorragender Psychiater – er diagnostiziert eine gewisse Lage der Dinge, und dann baut er Regulatoren ein, die Ein- und Ausgänge kontrollieren. Doch er ahnt nicht, daß er, wenn er vom finanziellen Management der Wirtschaft des Landes spricht, absolut und absolut unerfahren von einer gewissen Spannung in der Muskulatur seines Arschlochs spricht. Er hat seinen Körper vergessen oder sein Körper ist im Körper Politik aufgegangen. Jedes Wort, das er zur Zahlungsbilanz von sich gibt, entschlüpft nicht den Lippen seines Mundes, sondern denen seines Anus, wo die Worte durch Säulen thrombotischen, schmerzhaft stagnierten Blutes, versteckt in den Falten eines übergaren politischen Fettsteißes, hindurchschlüpfen. Kein Wunder, daß junge Leute daran interessiert sind, diese Falten auseinanderzuziehen und eine klare Vorstellung von dem darin verborgenen Dunkel zu gewinnen, und daß sie deshalb auf den Gedanken kommen, Wahlurnen in Brand zu stecken. Und einmal im Jahr tritt dieser Minister mit einer alten schwarzen Aktentasche auf, die allerdings keinen gesunden Haufen Scheiße enthält, sondern ein verhaltenes Exkrement, das nun den Kameraleuten des Fernsehens unter die Linsen gehalten wird, um so den Staatshaushalt ins Licht der Öffentlichkeit zu rücken, und das dann wieder in den dunklen, fleischigen Dickdarmtiefen seines Denkens verschwindet – eines Denkens, das längst nicht mehr sein Denken ist, sondern ein bedauernswertes kollektives Nicht-Denken, dem es völlig gleichgültig ist, wenn soziale Handlungen, die für bestimmte wirkliche Personen wichtig sein könnten, fortwährend negiert werden. Die letzte Verteidigungsmaßnahme, die der englische Imperialismus ins Werk setzt, wenn er nicht mehr weiterkann, ist die Pose der Unschuld: Unwissend zeigt er, was er nicht weiß, und er erhofft sich das Beste und liefert Waffen und einen Leitfaden darüber, wie man andere Leute an der Nase herumführt. Die theologische Rechtfertigung solchen Verhaltens verdanken wir zweifellos Martin Luther, der sich für einen Haufen Scheiße in Gottes Arsch hielt und darauf wartete, in die Welt geschissen zu werden und sich wartend völlig passiv verhielt, damit der andere das Scheißen übernähme. Nun, vielleicht wird es zu diesem Schiß kommen und vielleicht werden die «anderen» diese Arbeit übernehmen. Und vielleicht wird der Grosvenor Square oder die Place Saint Michel oder der Central Park in New York oder die ganze City von Chicago nicht ausreichen, um als Nachttopf diese ganze Scheiße aufzunehmen, ohne überzulaufen.

In Kuba hofft man, in zehn Jahren das Geld als Zahlungsmittel abgeschafft zu haben. Jeder kann dann in die Geschäfte gehen und sich nehmen, was er braucht, ohne zu bezahlen, und jeder kann kostenlos mit dem Zug überall hinfahren. Jeder wird so habgierig oder so genügsam sein, wie er will, solange nur sein Appetit echt ist. Bis dahin besitzt jeder Mann, jede Frau und jedes Kind in Kuba ein Gewehr, denn man weiß dort, daß es in Miami viele Leute mit verlogenem, künstlichem Appetit gibt, Leute, die zielstrebig so konditioniert werden, daß sie nehmen und konsumieren und nicht erkennen, wie sie selbst von ihrem Konsum konsumiert werden.

Die Hautfrage ist ein weiterer kritischer Problemkreis, in dem bestimmte sozio-politische Erfahrungen körperlich greifbar gemacht werden. Natürlich meine ich die Einwanderungspolitik. Durch die sich verhärtende Hornhaut unserer politischen Pachydermie haben wir den Kontakt verloren mit jenen Nervenenden, die Berührungen vermitteln und kontrollieren, denn wir haben Angst, durch Berührungen wirklich «berührt» zu werden. In England ist die Rassentrennung eine kritische Sache. So dürfen zum Beispiel bestimmte «black» «heads» keinen Grund und Boden erwerben auf dem Boden unserer ganz offensichtlich beschmutzbaren Kutanität. Schau, daß du die schwarzen Partikel nicht in deinen Körper hereinläßt, heißt es, und halte dein Denken weiß und sauber – aber seien wir gleichzeitig «fair», wenn wir diese schwarzen Partikel hinausweisen. So spricht die anonyme kollektive Stimme einer Gesellschaft, die sich nie in dem Sinn geläutert hat, daß sie sich ausgeschwitzt hätte durch die Poren ihrer sozialen Haut, durch ihre Armut; eine Gesellschaft, die nie ihre eigene Armut entdeckt hat, sondern diese immer nur in die Dritte Welt abgeschoben hat. Über ganz Afrika hinweg schütteln sich Stanley und Livingstone die «Hände» in einer gegenseitigen Masturbation, welche die Welt in sadistischer Exklusivität verleugnet. Biafra wird erfunden, um zu leiden, und das imperialisierende Bewußtsein geht verloren in Zimbabwe, nachdem Tausende ganz und gar nicht der Phantasie entsprungene Menschen in den Gefangenenlagern oder an den Galgen, errichtet aus einer starken Familienliebe heraus von unseren lieben Freunden und Verwandten, draufgegangen sind.

Hunderte von paranoiden Polizisten werden heimgeholt von ihrem Wochenende im Kreis der Familie, um Andersdenkende auf dem Grosvenor Square zu verprügeln oder um die Kommunarden vom Piccadilly zu verhaften; aber kein einziger von ihnen wird aufgerufen, um Ian Smith, der schwanger geht mit seinem in heimlichem Inzest gezeugten Kind, hinauszutreiben auf die winterlichen Ebenen und in den Weihnachtsschnee von Zimbabwe. Das kann doch nur Familienliebe sein, rücksichtslos bis zum Geht-nicht-mehr. Aber nichtsdestotrotz gehen die stabilsten Familien zugrunde, wenn wir unsere Zugehörigkeit hartnäkkig genug in Frage stellen und wenn wir zu angemessener revolutionärer Gegengewalt greifen, um dieses Lügennetz einer Struktur zu destrukturieren und eine Saboteurswahrheit zu verbreiten. Wir haben es hier, glaube ich, mit einer subtilen, aber einleuchtenden Gleichung von Wahnsinn und politischem Sieg zu tun.
Eigentlich läuft alles, was wir, in unserem Kontext der Ersten Welt, zu tun haben, darauf hinaus, daß wir uns selbst durch eine Revolution des Wahnsinns befreien. Wenn diese Befreiung radikal genug ist und sich auf einen genügend großen Teil der Gesellschaft erstreckt, wird die Erste Welt nicht mehr regierbar sein, ihre innere Machtstruktur wird zerfallen und folglich wird ihre äußere Macht, gemeint ist ihre gegen die Dritte Welt gerichtete rohe Gewalt, ebenfalls gebrochen werden.
Vielleicht können wir unterscheiden zwischen «Wahnsinn», der aus der völkermörderischen und selbstmörderischen Irrationalität der kapitalistischen Herrschaft besteht, und jenem WAHNSINN, der der individuelle Versuch wirklich identifizierbarer Menschen ist, die nicht regiert und nicht regierbar sein wollen – dies jedoch nicht durch undisziplinierte Spontaneität, sondern durch eine systematische Neugestaltung ihres Lebens, die eine aprioristische Systematisierung ablehnt und statt dessen die Phasen der eigenen Destrukturierung, Dekonditionierung, Dedukation und Defamilialisierung durchläuft, so daß wir schließlich mit uns selbst auf familiärem, aber nicht mehr familialem Fuß stehen. Wenn wir das erreicht haben, können wir uns selbst so restrukturieren, daß wir in der Lage sind, alle persönlichen Tabus zu verwerfen und daß es folglich möglich wird, die ganze Gesellschaft zu revolutionieren.
Wir müssen der Ersten Welt ein Ende machen – das ist alles. Wir werden ihr ein Ende machen, indem wir die Blässe unserer Haut überholen und uns im politischen Kaleidoskop eines tödlichen Spiels in eine Metamorphose von Farbe und erkennbarer Form begeben. Wir werden viele Farben annehmen, unter anderem schwarz und rot, unter anderem wahnsinnig, aber nicht mehr tot.
Vaneigem hatte recht, als er schrieb: «Ceux qui parlent de révolution sans en référer explicement à la vie quotidienne ont un cadavre dans la bouche.»*
Wenn wir nicht allzu sehr vernarrt sind in den Leichnam, den wir konsu-

mieren und wenn wir vom Geschmack unseres Todes nicht betört sind, müssen wir ihn dem System ins Gesicht zurückspucken – diesem System, das unseren Leichnam so gern ins Krematorium schicken würde, so daß sogar Artauds verzweifeltes Symbol von unserer Mißlage – wir, die wir uns durch die Flammen unseres jeweiligen Scheiterhaufens stumme Zeichen zusenden – nicht mehr gilt.

In einem System, das sich selbst durch die Negation der Negation definiert, in einem System, das «Nein» sagt zu jedem Menschen und jeder Erfahrung, die in der Mitte seines Herzens geboren und ausgetragen werden, ohne langweilig zu werden, in dem Bindestrichsystem des kapitalistischen etatistisch-bourgeoisen Familien-Polizisten-Psychiaters, in einem solchen System überrascht es einen vielleicht, daß nur wenige Menschen so rücksichtslos sein können, daß sie großherzig genug sind, um «Nein!» zu sagen. Doch wenn wir dem Grund dieser Überraschung auf den Grund gehen, entdecken wir vielleicht das unaufrichtige Gefühl in dieser Überraschung, das nur die Mystifikation des Systems reflektiert – dieses Systems, das stets in einigem Abstand von der primären Erfahrung operiert. Das ist die präkonditionierte Basis aller zwischenmenschlichen Spielstrukturen, das ist die soziale Basis der Strukturen der Repression (Freud) und des Unglaubens (Sartre) – die letztgenannte Struktur aber ist eine sozial erweiterte, neu konzipierte Version der erstgenannten und beruft sich nicht auf ein objektartiges Unbewußtes. In diesem Sinne sind alle Spiele, die wir miteinander spielen, kapitalistische Spiele. Selbstbetrachtung ist eine bourgeoise Gewohnheit. Aber gewinnen wollen wir alle. Was uns jedoch noch mehr am Herzen liegt, ist unser Wunsch, uns von anderen gewinnen zu lassen (Passivität), indem wir diesen um eine Nasenlänge voraus sind (Aktivität). Das glücklichste Los, das Los des Frohen Menschen, besteht darin, in Aktivität hineinzutreiben. Der letzte Wunsch des Mannes, der glücklich sein möchte, ist der Wunsch, die Welt weder mit seinem Penis zu ficken, der niemals groß genug sein könnte, noch mit irgendeiner metaphorisierten Potenz, sondern mit etwas, was weniger klar abtrennbar von ihm ist – wir meinen die beiden Möglichkeiten einer sogenannten Kastration, wo jemand entweder dem Mann den Schwanz oder dem stoßenden Schwanz den Mann wegnimmt.

Aber warum eigentlich nicht die Nase? Eines der verbreitetsten Probleme in der Therapie mit Männern besteht darin, daß sie zumindest zwei Nasen haben. Die eine Nase, sie kommt von der Mutter, wird einer originären «hologischen» Nase aufgepfropft. In einer Kultur, beherrscht von dem Wunsch nach Kraft, die sozial als phallische Kraft sichtbar wird, brauchen sogar Mütter Penisse. Wenn der Vater seinen Penis mit sich fort nimmt und ihn in der Arbeit, in gelegentlichen Ficks oder in einsamer Masturbation verliert, und wenn die ganze Person des Sohns der Mutter nicht zu ihrem schizophrenen Penis werden kann, bleibt ihr nur noch dessen Verinnerlichung, die, sagen wir, hinausgestoßen wird, hinein in seine Nasenspitze. Was für ein ironischer Zufall, daß man sein Ego in einer bekannten Meditationsübung in die Nase «verlagern» soll, um es dann von der Nasenspitze herabfallen zu lassen, so daß man in eine nicht-egoistische Befreiung hineinfällt. Dabei passiert es gewöhnlich, daß einem die verinnerlichte Mutter von der Nasenspitze herunterfällt, die jedoch sofort zurückgelaufen kommt, um nun noch mehr von diesem Ich, das voll und ganz geblieben ist, in Anspruch zu nehmen.

So lebt die von uns verinnerlichte Familie fort und widerspiegelt sich nach außen hin in allen unseren Beziehungen. Die verinnerlichte Problematik ist die, daß Väter, wie Gott, mangels ihrer Existenz erfunden werden müssen, weil es sie nach Existenz – der Existenz anderer – verlangt. Diese Problematik ist zwar unnötig, doch wissender- oder unwissenderweise verbringen wir den größten Teil unserer Zeit direkt oder indirekt mit dieser Art von Übung. Es gibt nur ein Problem – das Problem, wie wir wirklich nett und freundlich zueinander sein können. Doch nur wenige von uns scheinen die erste Sprosse dieser Leiter, auf der jene falsche, unnötige Problematik aus der Welt geschafft wird, zu erklimmen. Die Nase, die weiß, ist nicht die wahrnehmbare Nase, die glaubt, sie wisse, was die Nase wirklich weiß. Die Gnosis der Nase ist eine Kapazität der geheimen zweiten Nase, die um das Nicht-Sein der Nase weiß, die sie ist. Die erste Nase, die aufgepfropfte, ist eine bloße Bestätigung dessen, daß sie weiß, daß sie überhaupt nicht wissen darf. Die Gnosis, das ist die zweite Nase, weiß aber, daß Nasen sowieso nicht wissen und deshalb ganz gewiß nichts wissen über jenes Nicht-Sein, insofern als sie nicht großzügig zu jedem «Nein» sagen, wenn es entweder um eine dargebotene Phantasie geht, die sich mit Nasen befaßt oder um Nasen, die keine Gnosis sind. Als er über Väter sprach, sagte Freud*: «Lassen wir es also gelten, daß der große Mann seine Mitmenschen auf zwei Wegen beeinflußt, durch seine Persönlichkeit und durch die Idee, für die er sich einsetzt. (...) Mitunter – und das ist gewiß der ursprünglichere Fall – wirkt die Persönlichkeit allein und die Idee spielt eine recht geringfügige Rolle. Warum der große Mann überhaupt zu einer Bedeutung kommen sollte, das ist uns keinen Augenblick unklar. Wir wissen, es besteht bei der Masse der Menschen ein starkes Bedürfnis nach einer Autorität, die man bewundern kann, der man sich beugt, von der man beherrscht, eventuell sogar mißhandelt wird. Aus der Psychologie des Einzelmenschen haben wir erfahren, woher dieses Bedürfnis der Masse stammt. Es ist die Sehnsucht nach dem Vater, die jedem von seiner Kindheit her innewohnt, nach demselben Vater, den überwunden zu haben der Held der Sage sich rühmt. Und nun mag uns die Erkenntnis dämmern, daß alle Züge, mit denen wir den großen Mann ausstatten, Vaterzüge sind, daß in dieser Übereinstimmung das von uns vergeblich

gesucht Wesen des großen Mannes besteht.»
Aber was ist dieser Vater? Die eigentliche Gewalttätigkeit ist die, daß Kinder in die verzweifelte Lage gebracht werden, in der sie «Väter», brutale Väter, brauchen. Ein Junge, der in einem Arbeiterviertel von Manchester als Sohn von Eltern aufwuchs, die der KP angehörten und bei denen es sich um entsetzlich aufgeklärte Akademiker der Oberschicht handelte, hörte voller Neid, wie ihm ein Freund erzählte, er sei von seinem Vater fürchterlich verprügelt worden, weil er «Verdammt noch mal» gesagt hatte. Als er selbst zu seinem Vater «Fick dich zum Teufel» sagte, war die Antwort: «So solltest du mit deinem Vater nicht reden, wenn andere Leute da sind.» Glücklicherweise ging die Familie in die Brüche, doch dieser Junge hat seither mit anderen Leuten auch nicht viel Glück gehabt.

Ein fünfjähriges Mädchen, die Tochter eines Missionararztes in Nordindien, hatte es erlebt, wie ihr Vater über einen Monat von zu Hause fortgewesen war, da er als «Familienarzt» ein riesiges Gebiet zu betreuen hatte. Als er zurückkehrte, war das Mädchen so außer sich vor Freude und Aufgeregtheit über das Wiedersehen, daß sie ihn in einer Weise umarmte und küßte, die ihm wegen der darin enthaltenen sexuellen Untertöne und der ungezügelten Freude unerträglich war. Er hob seine Hand, um sie zu schlagen und zu beruhigen, doch da besann er sich eines anderen: Der Vater und die Mutter beschlossen, das Mädchen für eine Woche ins Bett zu stecken, damit sie wieder «zu sich käme». Und sie kam wieder zu sich. Einundzwanzig Jahre später erlebte sie wieder eine solche ekstatische Stimmung, doch dieses Mal zusammen mit ihren Kindern. Einen ganzen Nachmittag lang vergnügte sie sich, erging sich in Wortspielen und fühlte sich unglaublich glücklich. Aber auch dieses Mal erhob sich die Hand – die Hand ihres Mannes –, und auch dieses Mal schlug sie nicht zu. Statt dessen kam sie für eine Woche in die lokale Nervenklinik. Man erwog eine Elektroschockbehandlung, aber sogar diese falsche Befriedigung durch Strafe blieb ihr versagt. Sie war nicht schlecht genug gewesen, sondern nur zu glücklich, so daß man sie lediglich mit Beruhigungsmitteln behandelte – man holte sie herunter, anstatt sie aus sich herauskommen zu lassen. Der Vater-Gatte und die Väter-Ärzte ordneten später noch fünfmal ihre Einweisung an, weil sie zu fröhlich und glücklich war. Doch schließlich hatte sie es satt, und sie entschloß sich, ihre Familie, ihr Zuhause zu verlassen und für sich allein zu leben. In jedem Zuhause ist die Familie zu Hause. Wie wir gesehen haben, wird die Familie in ihrer Anti-Instinktualität in allen Institutionen unserer Gesellschaft endlos kopiert. Sein Zuhause verlassen, ist die einfachste Lösung. Diese Frau, von der wir eben sprachen, war erst Jahre nachdem sie dem Nervenkliniksystem entronnen war, in der Lage, jenes ursprüngliche Nicht-Trauma mit ihrem Vater zu formulieren – in der Nervenklinik wäre das unmöglich gewesen, da es die Fami-

lienstruktur der Klinik zu sehr bedroht hätte.
Die Prostituierte ist jemand, die für jemand anderen steht – auf uns übertragen sind das Stücke und Fragmente von Geist und Körper unserer Eltern und Geschwister und der Eltern unserer Eltern und unserer eigenen Kinder. Ein großartiges Bordell ist die Familie, dieser Schauplatz, wo alle unsere inzestuösen und polymorph-perversen Phantasien inszeniert und perpetuiert werden, damit später die Tabus und Sexualängste aus dem Familiensystem mit Disziplin, Zeitregulierung und Gehaltsstruktur und, darüber hinaus, sogar mit etwas Würde auf andere Systeme übertragen werden.
Im zweiten Kapitel dieses Buches definierte ich die Liebe als auf der exakten Erfahrung unserer eigenen Abgetrenntheit basierend. Sexualität, die von oben wie von unten, von vornherein wie hintennach auf die Liebe zielt, ist größtenteils eine Frage erlernter Technik, und niemand unter uns könnte da nicht noch etwas dazulernen. Wenn wir unsere meistgefürchteten Phantasien im Rahmen einer Zwei-Personen-Beziehung dem anderen anvertrauen oder ihm zumindest Einblick in sie gewähren, kann das unbeschreiblich befreiend wirken.
Man kann den Psychiater, im Sinne seiner *techne*, wie wir zu leben haben, als Prostituierte bezeichnen. Dazu muß er jedoch auch lernen, wie man für jemand anderen als jemand anderer einspringt. Die meisten Psychiater sind zu unerfahren oder zu «jung», um mit dieser alten Methode zu arbeiten, wenn es um die Frage geht, was ihre «Patienten» mit ihrem Leben anfangen. Es ist ziemlich einfach, in die Rolle der Vaterfigur zu verfallen, aber das ist nur der Anfang der Geschichte. Gewisse europäische Kommunen fordern in ihrer theoretischen *prise de position* die Abschaffung der Vaterrolle und die Ersetzung des väterlichen durch ein brüderliches Ideal. In Wirklichkeit aber erfinden sie lediglich von neuem Familien mit einer quasi-legalistischen Einschränkung von Beziehungsmöglichkeiten und manchmal einer tatsächlichen, legalen Definition der Beziehung, indem in Gegenwart eines Notars zwischen den beiden Partnern ein Vertrag geschlossen wird, der vor allem für Frau und Kinder vorsorgt. Eine kostspielige Angelegenheit, bei der nur eines herausspringt – die ganze Sache trägt nicht den Namen Ehe.
Aber kehren wir zum Problem des Psychiaters zurück: Mir scheint, daß wir es hier mit der Erstarrung einer Rolle zu tun haben, die eine gewisse soziale Sklerose widerspiegelt. Der Psychiater wird hineingetrieben in die Rolle einer Vaterfigur, vermischt mit Mutterrollenelementen, die zu dieser ursprünglichen Pro-stitution hinzukommen. Es ist wesentlich schwieriger für ihn, sich in seinem Verhältnis zu «seinem» Patienten als kindlich zu erfahren. Tut er das doch, so gerät er in eine andere Falle, die darin besteht, daß er den anderen nun als elterliches Über-Ich betrachtet, das sein Leben mit Strafen kontrollieren möchte. Aber sogar

noch schwieriger ist es, jene Position zu erreichen, die ich für die allerwichtigste Position der Psychotherapie überhaupt halte – die Position nämlich jener alten bisexuellen Mann-Frau, die (oder der) an gewissen kritischen Punkten über einen ernsthaften Witz in schallendes Gelächter ausbricht.

Ein junger Mann führte sich bei mir als «homosexuell» ein (dieses Etikett verlieh ihm natürlich eine gewisse Sicherheit der Selbstdefinition) und gab mir einen Brief zu lesen, den ihm seine Mutter geschrieben hatte. In diesem Brief erzählte sie, wie ihr das Herz bersten wollte (zu verschiedenen Malen war sie mit Herzattacken* ins Krankenhaus eingeliefert worden), als sie den Genfer See besuchte, von dem er ihr erzählt hatte, er sei der «Platz seiner Seele». Als ich den Brief las, ganz offensichtlich ein Liebesbrief, aus dem jede Leidenschaft verdrängt worden war, fühlte ich, wie sich meine Beziehung zu dem Mann änderte – ich wurde mehr zu seiner Mutter als seine verinnerlichte Mutter seine Mutter war. Der Tonfall meiner Stimme wurde anders, wurde höher und nahm eine ausgesprochene Urmutter-Qualität an, während seine Stimme dunkler wurde und er in gedämpft maskulinem Tonfall sprach. Noch einmal hatten wir beide Eltern von Anbeginn an erfunden, mit dem Unterschied allerdings, daß ich bei der Lektüre des Briefes seiner Mutter spürte, wie seine verinnerlichte Mutter langsam von mir Besitz ergriff – aber nicht als theoretische Einbildung, sondern als praktische Erfahrung.

Zum Schluß blieb ihm die vage Erscheinung seines Vaters. Schritt um Schritt entdeckte er in einer Reihe von Sitzungen seine Angst vor der Angst seines Vaters, der Angst vor seiner Vaterliebe zu seinem Sohn hatte. Dies konkretisierte sich in dessen Phantasie als eine sexuell-aggressive Gleichung, in der er (in einer von ihm gewünschten LSD-Sitzung mit mir) gefickt-vergewaltigt-maskulinisiert werden wollte mittels einer orgastischen Durchdringung durch «den Mann».

Die trügerische Natur des Wunsches dieses Mannes war schnell durchschaut, doch die meisten Psychiater kommen, wenn sie auf ein solches Verlangen stoßen, nicht weiter, und dann beginnt die eigentliche Gewalttätigkeit der psychiatrischen Behandlung. Der «andere», der den Wahnsinn der Gemeinschaft in sich birgt, muß im Namen einer angeblichen Besorgnis oder sogar durch eine anti-paulinische «Bekehrung» zum Schweigen gebracht werden. Ein aufschlußreicher Teil dieser Horrorgeschichte ist die «Behandlung» von Homosexuellen mit Aversionsmethoden. Männer, die, so beschweren sich die Psychiater, sich über homosexuelle Neigungen beschweren, bekommen ein Gerät an ihrem Penis befestigt, das das Blutvolumen im Penis und damit die Stärke der Erektion mißt. Nun zeigt man ihnen abwechselnd Bilder von nackten Männern und nackten Frauen. Wenn sie auf die nackten Männer mit verstärkter Erektion reagieren, erhalten sie einen Elektro-

schock und wenn sie auf eine der nackten Frauen reagieren, erhalten sie als Belohnung einen Nicht-Schock. Man schätzt, daß sich ungefähr 70 Prozent der homosexuellen Männer nach einer solchen Erfahrung zur Heterosexualität «bekehren». Kein Wort in diesem Zusammenhang über die Einstellung der Untersuchenden zu ihrer eigenen Homosexualität, über die Reaktion des Menschen auf den durch Elektroschocks ausgelösten Schmerz, am wichtigsten, über die Qualität der Nacktfotos. Anscheinend zählt nur, daß man sich schließlich unterwirft. Die erfolgreiche psychiatrische Behandlung wird auch in diesem Fall am Grad der Unterwerfung unter die herrschenden Werte der Gesellschaft gemessen. Jede richtige Prostituierte würde mehr Achtung aufbringen. Aber Psychiater sind nicht einmal richtige Prostituierte. Durch ihre Ausbildung neigen sie zum selben Nadelstreifenanzug mit denselben sorgfältig gebundenen Schnürsenkeln mit demselben Ausdruck der Herzlichkeit mit derselben Sprechweise und mit derselben Würgschraube um den Hals, die dann auch ihre Patienten um den Hals gelegt bekommen, denn deren Hals ist gleichzeitig der Hals der Psychiater und der Hals der massengezüchteten Hühner in der jeweiligen Metzgerladenklinik. Es erstaunt kaum, daß Cerletti seine Elektroschockbehandlung im Zauberbann der Schlachthöfe von Rom erfand – die Inspiration, geschöpft aus der Persönlichkeitsveränderung halbgeschlachteter Schweine, ist das Leitmotiv der Schmierenoper der zeitgenössischen Psychiatrie.
Zu irgendeinem Zeitpunkt seiner ersten sechs Monate kann der Säugling folgende kritische Situation erleben: Zuerst schreit er, und sein Schrei ist derselbe Schrei wie der seiner Mutter, obgleich der Säugling natürlich gewöhnlich den *ungeschrienen* Schrei seiner Mutter artikuliert. Wir haben es hier mit einem gewissen Kontinuum der Stimmung zwischen Mutter und Kind zu tun, das sogar im Erwachsenenleben seine symbiotische und uneingeschränkte Fortsetzung finden kann, so daß viele von uns in ein emotionales Niemandsland geraten, in den Zustand des Nichtschreiens der ungeschrienen Qual eines anderen (der Mutter). Aber die Mutter kann auch instinktiv eine gewisse Abgetrenntheit von ihrem kleinen Kind verwirklichen, indem sie es nicht automatisch am Schreien hindert. Damit beweist sie, daß sie fähig ist, sich ihre eigenen Sorgen nicht anmerken zu lassen und daß sie dem Säugling die seinen läßt. Wenn ihr das gelingt, mag sie entdecken, wie sich das Schreien des Säuglings verändert. Nun ist es nicht mehr ihr bzw. *ihrer beider* Schrei, sondern der Schrei des Säuglings selbst. Wenn das geschieht, werden sich beide später immer irgendwie an dieses «historische» Ereignis erinnern – eine Erinnerung, die in der Therapie natürlich evident werden sollte.
Soviel ich weiß, sind solche Erfahrungen etwas selten. An ihrer Stelle stoßen wir auf eine ganze Menge zwanghafter Geselligkeit. Nehmen wir zum Beispiel die Cocktail-Parties, die einerseits personal atomisiert

und andererseits sozial kollektiv sind – dieses atomisierte Kollektiv unterscheidet sich erheblich von jener «Konfrontationsgruppe», in der die Leute von autonomen Positionen aus Beziehungen zueinander unterhalten.

Der Lärm auf einer Cocktail-Party ist mehr als die Summe aus allen Stimmen. Vielmehr ist da noch ein Neben- oder Unterton, der sich am besten durch die Verzweiflung charakterisieren läßt, die darin besteht, daß jeder seinen eigenen Schrei sucht, den Schrei, dessen er beraubt wurde und den er nicht zusammen mit anderen Leuten, sondern nur in einem öden Bereich durch andere Leute hindurch finden kann. So gibt es viele, die auf Parties gehen, auf der Suche nach einer echten Einsamkeit, um sich jedoch unvermeidlich zu verirren, weil sie sich über ihr Bedürfnis im unklaren sind und weil ihnen der Gedanke, daß man auf eine Party geht, um nicht dort zu sein, unvorstellbar ist. So aber geht die echte Einsamkeit unter in einem frenetischen Alleinsein.

Eine Party, die *nicht* so ist, läßt sich vielleicht am Fall von Leuten definieren, die Einsamkeit als realer empfinden, so daß sie im Gespräch einer inneren Ordnung gehorchen, die keine Forderung an andere kennt und daher eine ungeschmälerte Gabe des *abyssus invocat abyssum* ist. Die Leute, die eine solche Party besuchen, würden zueinander in folgender Beziehung stehen: Zwei Personen, die sich noch nie gesehen haben, könnten miteinander ins Gespräch kommen, doch hätten sie insofern von vornherein das Gefühl einer gewissen Verbundenheit, als einer der beiden eine wesentliche Erfahrung gemacht hätte mit jemandem, mit dem auch der andere eine wichtige Erfahrung aus erster (und nicht aus zweiter) Hand gemacht hätte. Eine solche von vornherein gegebene Bindung begrenzt nicht die Spontaneität der Begegnung, sondern macht sie erst möglich. Ich schlage hier nicht eine Umfunktionierung der Party in eine nüchterne Arbeitssituation vor, sondern ich meine lediglich, daß in dieser Situation Arbeit und eine gewisse Disziplin vonnöten sind und daß die Freude, derer man sich erfreuen mag, aus dieser Arbeit hervorgeht. Im Gegensatz zu dem konventionellen Ideal, das darin besteht, daß man mit unerschöpflicher Verzweiflung «neue Leute kennenlernt», schlage ich einen dialektischen Rückzug in alte Beziehungsstrukturen vor, der einem gleichzeitig einen neuen Bereich erschließt. Ein Teil dieser «Party-Arbeit» würde, das muß nicht erst betont werden, aus der ungehinderten Entfaltung offener sexueller Beziehungen unterschiedlichster Art bestehen, vorausgesetzt allerdings, daß ein jeder das Recht des anderen, «Nein» zu sagen, achtet, ohne sich durch ein solches «Nein» zurückgestoßen zu fühlen.

Mit «wesentlicher Erfahrung» meine ich jeden Akt, sei er auch noch so momentan, einer völligen Aufmerksamkeit und totalen Registrierung des anderen. Dies könnte so aussehen, daß der eine sich ein Gemälde des anderen ansieht, daß er sich dessen improvisierte Musik anhört oder eines seiner Manuskripte liest. Oder es könnte eine sexuelle Beziehung sein, in der einige Körpertabus abgebaut würden, oder es könnte eine Sitzung sein mit einer Droge wie zum Beispiel Cannabis, deren Einnahme auf eine ganz bewußte Befreiung abzielen würde. Oder es könnte eine formal definierte therapeutische Begegnung sein – oder aber auch eine nicht formal definierte Gelegenheit, bei der der eine den anderen pflegt, weil dieser körperlich oder seelisch leidet.

Radikale politische Gruppen sind in ihrem Handeln unter anderem deshalb so eingeengt, weil solche elementaren Kommunikationsakte entweder fragmentarisch bleiben oder überhaupt nicht erkannt werden. Statt dessen unterhält man einen endlos sich fortzeugenden Komplex aus inzestuösen Beziehungen, der den alten Inzestproblemen aus dem Weg geht, anstatt sie zu lösen, und so perpetuiert man sexuelle Blockierungen, hinter denen sich ein zunehmender, aber unbrauchbarer Zorn verbirgt. Der letzte Befreiungskampf findet auf dem revolutionären Schlachtfeld statt, doch muß dieser Befreiungskampf schon im Bett beginnen. Mit «Bett» meine ich hier das Bett, in dem man zur Welt kommt, in dem man schläft und träumt und liebt. Natürlich haben auch richtige Waffen in diesem Kampf ihren Platz, doch ist das Bett vielleicht die einzigartige, unbenutzte Geheimwaffe jener Revolution, die wir verwirklichen müssen.

Soweit die Revolutionäre, und nun zu den Wahnsinnigen. In einem Heim für psychiatrische Nachbehandlung, das der lokalen Behörde eine ganze Menge Geld kostet, werden die aus der lokalen Nervenklinik entlassenen Patienten nach Geschlechtern getrennt. Die Verbindungstür vom Männer- zum Frauenflügel kann zwar benutzt werden, doch ist sie mit einem elektronischen Auge versehen. Benutzt man diese Tür ab einer gewissen Tageszeit, so ertönt eine Klingel im Schlafzimmer des Wärters, der natürlich (wenigstens) mit der ihm rechtmäßig angetrauten Gattin schläft. Für viele Leute, die als schizophren in die Nervenklinik eingeliefert werden, besteht das Hauptproblem in ihrer von ihren Eltern übernommenen mystifizierten Sexualangst, einer Sexualangst, welche die verschwommene Sexualangst der ganzen bourgeoisen Gesellschaft karikiert.

Als ich früher in der National Health Service-Struktur eine Abteilung für sogenannte schizophrene junge Männer leitete, entdeckte ich ein unglaubliches Ausmaß an sexueller Entbehrung. Einer dieser Männer reiste nach London und ging dort zu einer Prostituierten, aber kurz danach manipulierten seine Eltern geschickt seine Verlegung in die geschlossene Abteilung einer anderen Klinik. Er war von seinen Eltern derart konditioniert worden, daß er keine Geheimnisse mehr vor ihnen hatte und ihnen immer die Wahrheit sagte. George Washington, dieser Mann ohne Lüg und Tadel, ist in einem nicht geringen Ausmaß für solches Verhalten verantwortlich zu machen. In bezug auf die Familie muß eine der wesentlichen Lernerfahrungen der Therapie der Erwerb einer angemessenen Fähigkeit zur Lüge sein, denn die richtige Lüge enthüllt die Wahrheit über die Verlogenheit des Systems.

Die sogenannte Aufhebung der Geschlechtertrennung in Nervenkliniken ist lediglich eine weitere Mystifikation, eine Art Schwanzkitzel, der seine Opfer in noch tiefere Gefangenschaft stößt. Als ich in jener Abteilung arbeitete, machte ich, im Sinne einer erheblichen Einsparung von Geldern des National Health Service, den Vorschlag, man solle doch ein oder zwei erfahrene Männer oder Frauen (es handelte sich in diesem Fall um eine reine Männerabteilung) als eine Art von Tempelprostituierte verpflichten, deren Aufgabe es gewesen wäre, die Männer in der sexuellen Praxis aufzuklären – falls nötig, sollte für «Perversionen» ein Leistungszuschlag bezahlt werden. Eines der Hauptprobleme der Sexualität ist die sexuelle Technik, doch ist die Sexualität der meistgefürchtete Gegenstand der psychiatrischen Behandlung, und die Psychiatrie braucht ganz einfach ihre Verrückten und ist entsetzt bei dem Gedanken, ihr könnte ihre unvernünftige *raison d'être* unter den Füßen fortgezogen werden. So aber vermehren sich die Kliniken mit ambulanter Behandlung, und dasselbe gilt für die Vielfalt an Beruhigungsmitteln, und für die wirklichen und metaphorischen elektronischen Augen, die, im Interesse eines blutleeren und verrückten Familienideals, auf destruktive Weise jede ekstatische Erfahrungsmöglichkeit und jeden tastenden Versuch nach sexueller Befreiung kontrollieren.

Die meisten Beruhigungsmittel machen den Menschen fett und impotent, aber sanft und geduldig wie ein Lamm. In der Tat wird der Patient zum systematisch erniedrigten anderen Ich des Psychiaters.

Hinter Wordsworths einfachem Diktum, Poesie sei in Ruhe wiedererlebte Emotion, verbirgt sich eine nicht unwichtige Wahrheit. Erinnerung impliziert eine analytische Zerlegung bestimmter Erfahrungsbereiche, um dann gewisse *Modi* dieser Zerlegung zu erkennen. Das ist der analytische Vorgang. Diese Disziplin hat unvermeidlich mit verbaler Sprache zu tun und verstrickt sich häufig in deren Netz. Verdrängung im Freudschen Sinne ist zu einem großen Teil Erfahrung, die aus dem Denken «ausgestoßen» wird und später, durch die Stacheldrahtverhaue der Wörter hindurch, ihren Weg zurückfinden muß zu bewußt gewordener Erfahrung. Jenes Wiedererleben dagegen ist ein im wesentlichen extra-verbaler Akt, in dem man sein Leben dadurch, daß man einige der allerfrühesten Erfahrungsmomente wiedererlebt, in einem Stück zusammenschließt. Die Disziplin, genauso wirksam wie die der Erinnerung, ist in diesem Fall jedoch nicht analytischer Art, und wir haben es hier nicht mit einer Definition von Erfahrungssektoren, von Abgrenzungen von Erfahrungssektoren und von Interrelationen über und durch diese Abgrenzungen zu tun – vielmehr ist dies eine Disziplin, die poetisch ist. Die Ruhe ist hier wichtig, denn gemeint ist hier eine echte Einsamkeit (jene Einsamkeit der ersten sechs Monate, von der ich bereits sprach), in der man entweder körperlich allein oder zusammen mit jemand anderem ist, mit jemandem, der die stattfindende Entwicklung zwar katalysieren mag, ohne jedoch je in sie einzugreifen. Der echte Dichter weiß, daß Worte auf der tiefsten Ebene seiner Erfahrungswelt irrelevant sind (gemeint ist die Erfahrungswelt, die das Wiedererleben seiner selbst ist), so daß er in der Tat eine Gewalttätigkeit gegen die Sprache entwickelt, eine Brutalität, die die Sprache in die Nase kneift und ihr einen Ring durch die Nase zieht, und so führt der Dichter sie in die Realität seiner wiedererlebten Erfahrung. Genauso wie Dichter Athleten des Extra-Verbalen sind, genauso werden viele Leute als schizophren bezeichnet.

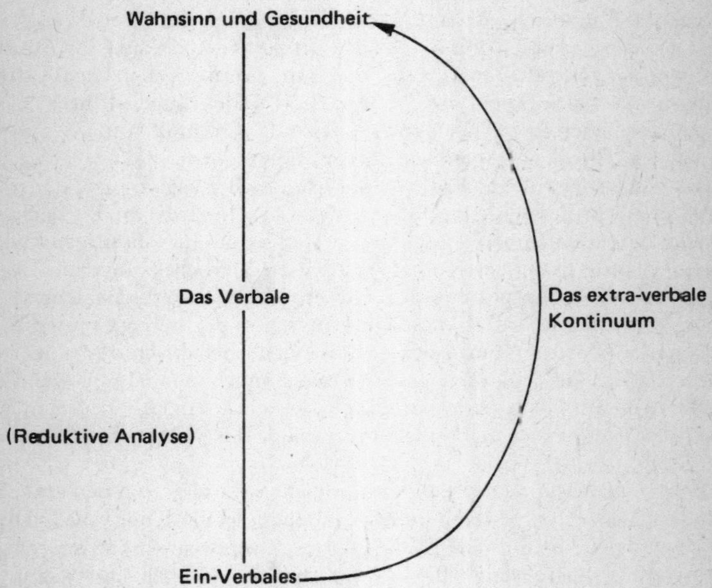

Ein Großteil der Psychoanalyse neigt zur reduktiven Analyse – in der Gegenwart artikulierte verbale Strukturen werden zurückgeführt auf präverbale Strukturen – und arbeitet sich zurück in ein Lebensalter, in dem wir noch nicht sprechen konnten, und mündet dann wieder in die Gegenwart. Ich glaube, daß es ein extra-verbales Kontinuum der Erfahrung gibt, das in einer Zeit vor unserer Empfängnis beginnt und uns in Bereiche hineinkatapultiert, die jenseits unseres Lebens liegen.

Manche Leute, die als schizophren bezeichnet werden, scheinen die meiste Zeit in diesem extra-verbalen Kontinuum zu leben. Dasselbe gilt für Dichter, mit dem Unterschied allerdings, daß diese eine talentierte Konzession an die Welt machen, indem sie zurück ins Wort tauchen. Die Disziplin der Poesie, ich spreche hier von *poesis* im weitesten Sinne, einschließlich der Malerei, der Musik und anderer Kunstformen, besteht nicht in einer Entfaltung von Buchstaben auf Papier, von Farben auf Leinwand, von Noten auf Notenlinien oder in zweckdienlicher Technik, sondern in einem vorausgegangenen inneren Vorgang, und *der* ist das Kunstwerk.

Die erst kürzlich aufgekommene Angewohnheit, einander zu berühren, zu umarmen und zu küssen, und dies nicht nur bei sozial vorgeschriebenen Anlässen, sondern bei jeder Gelegenheit – diese Angewohnheit halte ich zwar für positiv, aber im wesentlichen für ein desexualisierendes, anti-erotisches Manöver. Die Leute begegnen einander zwar momentan mit mehr Wärme, aber sofort werden darunter die Gefrierplatten eingeschaltet, um die Wärme einzuschmelzen und ihr Ausmaß einzudämmen. Will man den Weg zur transsexuellen Realität des Orgasmus weitergehen, die die Sexualität dialektisch auf ihrer gegenwärtigen neuen Ebene der Synthese festhält –, so muß man allen weiteren Veränderungen gegenüber immer offen bleiben.

Eine Erfindung, die noch weitergeht, ist die «Bett-Therapie», die völlig außerhalb professionell verfolgter Methoden liegt. In ihr werden zwei Menschen, die in einem einseitigen und schließlich zweiseitigen sexuellen Rückzug festsitzen, von einem dritten Menschen umarmt. Dieser Dritte muß so diszipliniert sein, daß er sich nicht in die Beziehung der beiden einmischt. Durch diese Umarmung, in der sich die innige Zärtlichkeit des Dritten für die beiden anderen ausdrückt, führt er (oder sie) das Paar wieder hin zur eigenen Umarmung, um sie dann, wenn das geschehen ist, allein zu lassen, damit sie sich in einem erneuerten Fick wiederfinden. Einer der beiden kann später das gleiche für jenen Dritten tun.

Liebe in der Gruppe mag später kommen, das hängt von den sexuellen Bedarfssystemen der Beteiligten ab, die in diesem Fall noch mehr Disziplin entwickeln müßten. Diese Disziplin wiederum untermauert die zentrale Zwei-Personen-Beziehung, die die meisten unter uns im gegenwärtigen historischen Moment noch zu benötigen scheinen.

Das ist alles ganz gut und schön für die gebildeten Intellektuellen der Mittelklasse der Ersten Welt, die sicher auch dann noch mit «Schwierigkeiten» zu kämpfen haben werden, es sei denn, sie werden charismatisch geführt. Doch was nun die Mann-Frau-Beziehungen in der weniger gebildeten Mittel- und Arbeiterklasse (die Oberklasse hat sich voll und ganz der Nicht-Sexualität verschrieben) anlangt, so ist hier eine revolutionierende Aktivität nötig, die die ganze Gesellschaft einschließt. Dies ist der Punkt, wo es gilt, subversive Streiks, Bomben und Maschinengewehre einzusetzen – dabei läßt man sich sowohl von Mit-

gefühl leiten, als auch von einem gewissen Realitätsempfinden, das von den Vertretern der bourgeoisen Gesellschaft objektiv erkannt wird.
Institutionalisierte Arbeit, schwere Rauschgiftsucht, Alkoholismus – all diese Dinge laufen letztlich auf eine Art unmerklich indoktrinierte Bemühung hinaus, eine ekstatische Freude zu zügeln, die vielleicht nicht die Bomben «ehelichen», aber eine volle, freie Verbindung mit ihnen eingehen möchte. Wir müssen die Struktur der Ersten Welt, diese Struktur, welche die Dritte Welt zerstört und ein paranoides, unerlaubtes Verhältnis zur Zweiten Welt unterhält, unwirksam machen. Wir müssen den Betrieb einer jeden Familie, Schule und Universität, einer jeden Fabrik, Handelsgesellschaft, Fernsehgesellschaft und Filmgesellschaft lahmlegen – und wenn wir das geschafft haben, heißt es, mobile, nicht-hierarchische Strukturen erfinden, die den akkumulierten Besitz auf die ganze Welt verteilen. Diese Strukturen werden mit der Zeit natürlich verkalken, weil unsere Einstellung zu unserer Freiheit zu zaghaft und ängstlich ist. Doch wenn wir den Grundsatz von der permanenten Revolution verwirklichen – das heißt die prinzipielle Zerstörung von Sozialstrukturen, die nach einer gewissen Zeit unwissend ihren eigenen Tod ins Leben rufen und dann ein gewisses Leben vortäuschen –, werden wir nicht nur eine Möglichkeit des Überlebens finden, sondern nie wieder unsere Zuflucht in jenem Normalmuster suchen, das «Regression» heißt und das im heutigen Stadium der Geschichte durchschaubar geworden ist. Die einzig «wahren» Beziehungen sind vielleicht jene, in denen das Echo der Trennung der weinenden Mutter vom weinenden Kind nachklingt. Hier kommen *zwei* Menschen zusammen. Hier beginnt die Revolution. Manchmal kommt man einer echten Symbiose am nächsten, wenn man von der anderen Person siebentausend Meilen weit getrennt ist. Denn wenn man weiß, man sitzt in der Klemme, tief in der Klemme, tief im eigenen Ich, dann hat man es auch schon geschafft und dann schreit man seinen eigenen Schrei in der eigenen ungeteilten Wildnis. Gute gütige Freunde mögen versuchen, einem zu helfen, aber das ist *ihr* Schrei in *ihrer* Wildnis. Diese Art von Wildnis aber kann zumindest niemand zum Territorium von irgend jemand erklären. Man durchquert die interne Topographie eines Ich, bei dem es sich, wie wir gezeigt haben, um eine Abstraktion handelt, die in ein Nichts führt, das nur insofern außerhalb liegt, als diese Abstraktion so viel früher war als das Ich, daß wir uns darüber fast schon humorlos unterhalten.
Was ich in dem, was die Leute als Orgasmus betrachten, als wesentlich wirklich erkenne, ist ein nicht-possessives Einmünden in den Orgasmus des anderen. Das, was man wird, ist *das*, das das ist, was es ist.
Die zwei- oder dreitausend Leute, mit denen ich mich im Laufe der letzten zehn Jahre unterhalten habe, schienen unfähig, etwas zu artikulieren, was einer solchen orgastischen Erfahrung nahe gekommen wäre.

Orgasmus ist die totale Erfahrung der Transsexualität. Der Fickende wird gefickt in seinem (oder ihrem) Fick. Man wird im Zustand des Liebemachens nicht nur zu beiden Geschlechtern, sondern zu allen Altern und allen Generationen. Man wird zu einem seligen Kind und gleichzeitig zu einem alten bisexuellen Weisen. Vor allem aber befreit man sich in einem massiven Akt der Entleerung von der ganzen verinnerlichten Familienkonstellation. So wird der Akt der Liebe zur Transzendierung des eigenen Nicht-Fickens der eigenen Eltern und der Nicht-Liebe der Familie.

Ich glaube, in der Ersten Welt brauchen wir sowohl eine Revolution der Liebe, in der wir unsere Sexualität neu erfinden, als auch eine Revolution des Wahnsinns, in der wir unser Ich neu erfinden. Danach brauchen wir eine Revolution im Sinne einer wesentlich direkteren Lahmlegung der Operationen «des Staates». In der Ersten Welt ist unsere revolutionäre Pflicht ziemlich einfach. Wie ich bereits gesagt habe, müssen wir ein einziges Ziel verfolgen: Wir müssen die Erste Welt zum Stillstand bringen und uns in diesem Prozeß mit einer befreiten Freude unserer selbst erfreuen.

Was nun jenes erste System aus Bedürfnissen angeht, von dem wir vorhin gesprochen haben, so müssen wir, meiner Ansicht, in unseren Beziehungen die Voraussetzungen schaffen für ein wettbewerbsfreies Liebemachen. Alle Schwänze und alle Fotzen sind sich sehr ähnlich, wenn wir von Details der Erfahrung – die natürlich auch sehr wichtig sind – einmal absehen. Der «Ego-Trip» des Miteinander-Vergleichens von sexuellen Erfahrungen ist in dieser Zeit ganz einfach irrelevant. Alles, was wir tun müssen, ist, eine ekstatische Liebe so voll wie möglich und in voller Abgetrenntheit zu erfahren.

Tod und Revolution

Trauerkleidung

Warum trage ich Schwarz, bin ich in Trauer?
Weil ich um die Familien traure die ich hatte
um den Wahnsinn der mir versagt geblieben ist.
Doch nun gebe ich ihm statt
Gebe ich ihm statt wegen des Verlusts der Liebe in der Welt
wegen den verschiedenen Schicksalen meiner Eltern
wegen der vollsten Liebe die ich gekannt die
ich zerstört habe.
Vor allem aber traure ich wegen
meines eigenen Todes
jenes Todes den ich so verbissen lebe
Und ich traure über den Tod der
Liebe in der Welt
Und über die Nicht-Unterscheidung zwischen Tod und Liebe
Ich traure über die Nicht-Unterscheidung aber zugleich
über ein Übermaß an Unterscheidungen
Ich traure über meine Unfähigkeit alle
Unterscheidungen in der Welt zu durchbrechen
um so aus dem Kosmos *eine* Aktivität zu machen
Ich traure über die offenkundige Entfernung
der Sterne und Milchstraßen denn sie alle zusammen
zu finden ist unmöglich an einem einzigen Ort: in
meinem Herzen und im Herzen der Welt.
Ich traure darüber, daß Lichtjahre zwischen
uns und Andromeda ein Mythos sind an den
die Leute glauben. Andromeda ist in uns und wir sind in ihr.
Ich traure über die Seltenheit einer echten
Gewalttätigkeit die durch das Töten
des Todes befreit – eine Gewalttätigkeit die dem Herzen der Erde
voller Liebe eine Bombe einpflanzt.
Aber vor allem betraure ich meinen eigenen Tod
Aber mag sein, daß das eine weitere Lüge ist
Mag sein ich traure bloß
Mag sein ich bin bloß
Mag sein ich bin ein Sein das sein mag
Aber vielleicht traure ich bloß.

Addendum: Im Akt des Trauerns mag es eine gewisse geheime Freude geben, die der quasi-platonischen Reinheit der Idee vom «Bloß-Trauern» entspringt, dieser Idee, die in der Hierarchie der Ideen etwa denselben Rang einnimmt wie die Liebe.

Wenn wir den Zustand des Trauerns verstehen wollen, müssen wir uns, glaube ich, in Erfahrungsbereiche versenken, die nicht nur vor unserer Geburt, sondern auch vor unserer Empfängnis liegen. Außerdem müssen wir uns auch mit der postmortalen Erfahrung auseinandersetzen, soweit das in diesem Leben möglich ist.

Es gibt eine Art des Trauerns, die Karl Abraham und Melanie Klein ausführlich beschrieben haben. Zu dieser Art von Trauer gehört, daß wir unsere Eltern, die wir in unserer Phantasie durch unsere gegen sie gerichteten sadistischen Angriffe zerstört haben, wieder in uns aufnehmen, um dann Wiedergutmachung zu leisten. Jenseits dieser Form des Trauerns, die sich sehr weit *innen* in unserem Leben abspielt, gibt es eine Art von Trauern, die über unser Leben *hinausreicht*.

Ich glaube, daß Heideggers *Geworfenheit* phänomenologisch wahr ist – wahr nämlich als die Erfahrung, daß man «in die Welt geworfen ist» von niemandem und ohne Grund; allerdings ist dies nicht die ganze Wahrheit und keinesfalls eine heilige Wahrheit.

Ich möchte die Vorstellung, die wir von der persönlichen Verantwortung haben, ausweiten auf den Zustand, der unserer Empfängnis vorausgeht, und den Zustand, der unserem Tod folgt. So kann also Trauer sein über ein ganzes Leben, begriffen in verantwortlicher Erfahrung, in Erfahrung, für die wir uns auch vor und nach diesem Leben, das wir sichtbar leben, verantworten müssen. Es dürfte in der Tat ein reines Erleben von Trauer geben, das nicht intelligibel ist in Begriffen einer reduktiven Analyse – das heißt einer Analyse, die zurückgerichtet ist auf frühe Erfahrungen nach der Geburt und die darauf abzielt, ein praktisch brauchbares Modell zu konstruieren. Wir haben es hier mit einer Art von Trauern zu tun, die auf anhaltende Weise unser ganzes Leben schwarz färbt – von den Naturwissenschaften wissen wir, daß die Farbe Schwarz in Wirklichkeit alle Farben in sich birgt und daß alle Farben der Welt aus diesem Schwarz hervorgehen –: das aber ist die Schwärze der Trauer um eine ganze persönliche Existenz.

Pränatale Erfahrungen werden die ganze Zeit wiedererlebt. Die ganze Zeit verwandeln wir uns in Primatenaffen, in Dinosaurier, in die ersten amöbischen Formen von Leben und schließlich in anorganische Formen, ohne daß wir uns dessen bewußt würden. Dies ist keine Einbildung, sondern tatsächliches Wiedererleben unserer Vergangenheit in der Gegenwart. Wir *tun* das einfach, doch was wir tun, sehen und erinnern wir nicht. Es ist einfach *da* als die ersten Orte, von denen wir kamen. Durch einen weiteren Akt des Wiedererlebens können wir noch etwas weiter zurückdringen zum Ursprung des Kosmos (der wir selbst sind). Kein LSD ist nötig, um dorthin zu gelangen, weil wir, wenn wir es nur wüßten, bereits dort *sind*. Eine Hauptfunktion der Therapie besteht darin, daß sie diese archaischen Zustände in uns ins rechte Licht rückt. So wird zum Beispiel in bestimmten Bewegungen, die wir

machen, eindeutig Affenartiges, Reptilisches oder Fischartiges erkennbar. In bestimmten Augenblicken mögen wir wesentlich mehr Affe als Mensch sein. Solche Erfahrungen sind jedoch unserem alltäglichen Bewußtsein so fremd, daß wir durch die Disziplin der Therapie eine neue Wahrnehmungsweise entwickeln müssen, denn gerade von diesem Bereich eines archaischen Komplexes von Anwesenheiten aus beginnen wir die Gesamtheit unseres Lebens zu erfassen. Doch um diese Gesamtsicht von sich selbst zu verwirklichen (die natürlich nicht unser Ich substantialisiert, aber uns immerhin befähigt, auf wahrere Weise durch «es» hindurchzusehen), müssen wir einen Einblick gewinnen in jenes «andere Ende», in das postmortale Ende.
Ich möchte hier jede Erfahrung, die wir nach dem biologischen Tod unseres Körpers machen mögen, ausklammern und in diesem Kontext lediglich auf das ‹*Tibetanische Totenbuch*›, das ‹*Ägyptische Totenbuch*›, das Werk ‹*De Arte Moriendi*› und andere mittelalterliche Schriften über das Handwerk zu sterben verweisen.
Statt dessen will ich mich auf Erfahrungen nach dem Tod konzentrieren, wie wir sie noch in diesem (biologischen) Leben sammeln können. Solche Erfahrungen treten in sogenannten Psychosen auf, in Erlebnissen, die als mystisch bezeichnet werden, in Träumen und in gewissen Rauschzuständen. Außerdem kommt es zu solchen Erfahrungen, wenn auch selten, in bestimmten Wachzuständen, die nichts gemein haben mit irgendeiner jener vier eben genannten Erfahrungsweisen, die ich in einer haßvollen Sprache der Kategorisierung formuliert habe.
In gewissen Formen «psychotischen» Erlebens kommt es auf dem Höhepunkt der Erfahrung zu einer reinen Anoia, in der das «Außen» durch das «Innen» zum selbständigen Kontinuum wird, so daß alles Ichgefühl verlorengeht. Ich brauche hier nicht zu verweilen, weil dieser Komplex, vor allem von R. D. Laing, ausgezeichnet durchleuchtet worden ist.
Was nun Träume in Relation zu Erfahrungen nach dem Tod angeht, so müssen wir uns in diesem Zusammenhang daran erinnern, wie Träume in der Regel vor dem Augenblick des Todes abbrechen oder ihrem Inhalt nach unterdrückt werden. Allerdings gibt es Menschen, wenn auch sehr wenige, die häufig Träume mit darin enthaltenen postmortalen Erfahrungen erleben. So träumte ein Mann, er war von Beruf Arzt, wie er einer Gruppe von Medizinstudenten die Anatomie des menschlichen Schädels demonstrierte. In seinem Traum schnitt er sich den Kopf ab, legte ihn auf den Boden und zerteilte ihn in zwei Hälften, wobei ihm Rotz aus der Nase rann. Fasziniert und mit ungetrübtem Urteilsvermögen demonstrierte er nun in den kleinsten Einzelheiten die Zusammensetzung des Gehirns (seines Denkens). Dann gab er seinem Kopf gelassen und spielerisch einen Stoß mit seinem Fuß und ging weiter hinein in seinen Tod, von dem aus er auf die Gesamtheit seines abgeschlossenen

Lebens zurückblickte.
In einem anderen Traum nahm der Träumende, ebenfalls ein Arzt, eine Autopsie an seinem eigenen Leichnam vor. Er schnitt der Leiche Stück um Stück die Eingeweide aus dem Bauch, dann sezierte er vorsichtig jedes Organ und schließlich nahm er alle sezierten Teile, tat sie zurück in das leere Bauchinnere und flickte den breiten Einschnitt, der von der Kehle bis zum Schambein reichte, wieder zusammen. Dann kam eine schöne junge Krankenschwester herein und berührte den Toten so liebevoll, daß sich der Leichnam wiederbelebte und aufsetzte: Er war bereit zu einer weiteren Erfahrung nach dem Tod, eine einfache Dankbarkeit erfüllte ihn und er warf einen flüchtigen, aber alles zusammenschauenden Blick zurück auf sein Leben.
Solche Träume sind jener schamanistischen Erfahrung verwandt, in der im Wachzustand eine körperliche Verstümmelung erlebt wird, gefolgt von einem Aufstieg in die Geisterregion und einem sich anschließenden Abstieg in einen wiederhergestellten Körper – ein Ereignis, dem der ganze Stamm beiwohnt. Dies sind alles wirkliche Todesweisen, erlebt innerhalb unseres biologischen Lebens, und von diesen Todespositionen aus blickt man zurück auf die Gesamtheit des ganzen Lebens.
Soweit die Träume, nun zu den Drogen. Ein Mann auf einem LSD-Trip erlebte eine Kreuzigung. An einem gewissen Punkt des Traums fiel er mit ausgestreckten Armen über einen Stuhl und wurde so zum Kreuz, an das er (wie wir alle) genagelt wurde. Sein Gesicht wurde blau, dann schwarz, und es war unbestimmt, ob sein Herz noch schlug. In den Armen seines Begleiters kehrte er langsam ins Leben zurück. In dieser Todesvision hatte er eine Zusammenschau seines ganzen Lebens erlebt – die Zukunft war genauso totale Sterilität gewesen wie die Vergangenheit. Zwei Jahre später hatte er eine Gemäldeausstellung, die ein gewaltiger Erfolg war – ein Erfolg, der mir als völlig antithetisch zu seiner früheren Lebensweise erschien. Diese Verwandlung war jedoch ganz und gar konditioniert durch die Tatsache, daß er die «richtige» menschliche Begleitung hatte und daß er weit genug gereist war durch den unerwartet sich erschließenden Bereich seines Todes.
In einer selbst erlebten LSD-Erfahrung entstarb ich der Existenz David Coopers, der bis dahin in London gelebt und gearbeitet hatte, und ich wurde zu einem mongolischen Weisen, der ungefähr um die Mitte des 19. Jahrhunderts lebte. Meine Augen verwandelten sich in Schlitzaugen, mir wuchs ein langer, sich nach unten zuspitzender Schnauzbart, das lange schwarze Haar trug ich nach hinten gebunden und den Umständen entsprechend hatte ich Pelzkleidung an. Dieser Mann aß ausgezeichnetes mittelasiatisches Essen, ein Nudelgericht (ob Nudeln nun zur mittelasiatischen Küche gehören oder nicht, sei hier dahingestellt). Die Mahlzeit, bei der er mich beobachtete, ich glaube, es war *bœuf à la bourguignonne*, verwandelte sich in kleine, giftige Schlan-

gen, und mit Mitgefühl sah er mich sterben und völlig unbeteiligt betrachtete er darauf meinen Leichnam. Dann wurde er Zeuge seiner Verwesung. Daß er auch dem noch beiwohnte, schien in dieser Erfahrung wichtig zu sein. Ich fühlte, daß man nie jemanden begraben und noch viel weniger feuerbestatten sollte, sondern daß die Toten auf eine Bahre in einen Baum gehören, um dort, im Beisein des neuen Stammes, auf natürliche Weise zu verwesen.

Das Auftreten von postmortalen Erfahrungen bei klarem Bewußtsein ist schwieriger zu definieren. Heute abend erlebte ich nach dem Essen eine Diskussion mit vier äußerst intelligenten und sympathischen Leuten, die mich baten, einige meiner Ideen darzulegen. An einem bestimmten Punkt wandte sich die Unterhaltung Problemen der Anstaltsarbeit zu, mit der diese Leute zu tun hatten, und daraus wurde schließlich ein defensives Geplapper, das für mich immer bedeutungsloser wurde, je weiter der Abend voranschritt. Ich erlebte eine zunehmende Lähmung meiner Muskeln und es fiel mir immer schwerer zu denken, von einem Sich-Konzentrieren ganz zu schweigen, es sei denn, ich lenkte mich ab auf die übliche Weise, in Form einer Pascalschen *diversion*. Ohne die Zuflucht zu einer solchen Ablenkung starb ich auf der Stelle. Ich fühlte eine zunehmende Fäulnis, die ich einigermaßen kontrollieren konnte, und die an den Zehen und Fingern einsetzte, sich dann immer weiter entwickelte, bis ich körperlich völlig verwest war, ein Zustand, in dem ich mich zuerst fast und dann tatsächlich riechen konnte. Mein Umweltverhalten war die ganze Zeit über normal, doch kurz vor Abschluß dieser Erfahrung warf ich einen letzten Blick zurück, ein Blick, in dem sich mir mein ganzes Leben erschloß; und dann, ich zeigte immer noch völlig normales Verhalten, starb ich für einen Augenblick. Ich erklärte, ich würde zu Bett gehen, weil ich mich «unwohl» fühlte, und die Leute entschlossen sich wegen ihrer Arbeitsverpflichtungen am nächsten Tag, ebenfalls aufzubrechen. Während dieses ganzen Erlebnisses hatte ich mich zwar normal verhalten, doch die zunehmende Verwesung war für mich wirklicher gewesen als mein Umweltverhalten, denn in dieser Erfahrung bin ich aller Vergangenheit und Zukunft meines Lebens in einer Zusammenschau aus einem Jenseits her begegnet.

Dies war sicher eine positive Erfahrung, doch gibt es Fälle, in denen die Todeserfahrung negativ erlebt wird – negativ insofern, als es kein Durchqueren des Todes und kein Wiedereintauchen ins Leben gibt. Dies läßt sich ausgezeichnet an der Relation zwischen echter Kontrolle (Disziplin) und falscher Kontrolle veranschaulichen. Ich kenne Geschäftsleute, die unmäßig trinken und trotzdem «verantwortungsvolle» Arbeit leisten. Das ist falsche Kontrolle, weil sie die Realität von Feindschaftsgefühlen und – schlimmer noch – die der Liebe unterdrückt. An sich haben wir es hier gewöhnlich mit einer indirekten Aggression zu tun, die sich gegen die Hauptperson im Leben dieses Menschen richtet. Der Effekt ist, daß im Leben ein Todeszustand eintritt, dessen Ergebnis ein gewaltiger unterirdischer Haß gegen die Welt ist, der oft als Liebe und Wohlwollen und Verläßlichkeit und Leistungsfähigkeit verkleidet wird, eine Täuschung, der jeder erliegen kann, weil es mannigfaltige Weisen ihrer rationalen Erklärung gibt. Der einzige Ausweg ist in der Regel eine geistige Krise, in der der Mensch einem biologischen Tod recht nahe kommen kann. Dabei kann es sich zum Beispiel um einen fast tödlichen Autounfall oder um die harte Erfahrung eines Rückzugs handeln, verbunden mit plötzlichen epileptischen Anfällen, Delirium tremens usw. Wenn eine solche Krise nicht genügend radikal ist, verliebt sich der Mensch so sehr in die fast schon intra-uterine Sicherheit dieses Tod-im-Leben-Zustandes, daß er dieselben Muster ganz einfach wiederholt. Darin insgeheim bestärkt wird er von bestimmten anderen Personen, die er so weit bringt, daß sie ihn als Objekt behandeln – als «Alkoholiker» zum Beispiel. Die Erforschung der Genesis dieses Oralitätsmusters im frühen Leben des Menschen ist natürlich Sache der psychoanalytischen Arbeit, doch soll dieser Bereich hier ausgeklammert werden. Statt dessen werde ich mich eingehender mit der Natur der Relation zwischen sekundärer (falscher) Kontrolle und primärer (richtiger) Kontrolle befassen.

Ich fürchte, die meisten Menschen erfahren nicht einmal die Möglichkeit einer Wahl zwischen primärer und sekundärer Kontrolle als Kernfrage ihres Lebens, weil sie ganz einfach fast immer einer Kontrolle von außen unterworfen sind. Doch ich glaube, wir müssen in diesem Kontext zunächst einmal die Natur der echten primären Kontrolle oder Disziplin definieren. Im wesentlichen scheint es sich mir hier um die Form eines Versprechens zu handeln – eines Versprechens, dem wir in jeder Form von Abschied begegnen, in jeder Reise durch Tod und Wiedergeburt, des Versprechens, in einem neu definierten Sinne des Sazerdotalen ganz und heilig in der Welt zu bleiben. Disziplin ist also ein In-der-Welt-Bleiben, in dem man sich aktiv in der Welt durch alle Höhen und Tiefen der ekstatischen Freude und der weitreichendsten Verzweiflung hindurch engagiert. Das Versprechen, das diese Disziplin definiert, müssen wir jedoch nicht nur uns selbst, sondern, zumindest implizite, auch anderen geben. Der Schmerz des Versprechens ist gewaltig – ist eine endgültige Agonie, die man durchquert, um die Welt und sein eigenes Leben von der anderen Seite eines gewissen Todes aus zu sehen. So gesehen ist dieses Versprechen mehr als Selbstbeherrschung, und es sollte nicht für eine solche genommen werden, denn in dieser Selbstbeherrschung können Augenblicke enthalten sein, in denen man überschwappt über den Rand der Tasse des eigenen Ich. Das Versprechen muß in irgendeiner Form auch der Welt geleistet werden und es muß implizieren, daß es weder zurückgenommen noch gebrochen werden darf.

Die Disziplin ist darüber hinaus eine Art Anti-Thermostat. Die meisten Menschen schalten sich selbst automatisch ein und aus, ein Vorgang, der stark ritualistische Züge trägt. *Der Mensch der Disziplin* schaltet sich nur auf Grund einer Option ein und aus, die konditioniert ist durch seinen Sinn für die Richtigkeit und Offenheit des menschlichen Kontexts und durch seinen Sinn für den richtigen Augenblick im Zusammenspiel seines Zeitsystems mit den Zeitsystemen anderer. Aber diese Disziplin sollte nicht mißverstanden werden als die Meta-Ebene der (falschen) Kontrolle, die sich an Leuten zeigt, welche nicht den Bereich der primären Kontrolle betreten haben – wie beeindruckend diese Kontrolle einer Kontrolle auch zu sein scheint.

Disziplin ist also insofern lebensbejahend, als sie die Möglichkeit wichtiger postmortaler Erfahrungen noch in diesem Leben konditioniert – Erfahrungen, die den Menschen erneuern, anstatt ihn verloren zurückzulassen in der Vorhölle des statistischen, totenähnlichen Zustands des Menschen, der in Systemen falscher Kontrolle gefangen ist. Die meisten Leute, die für wahnsinnig oder für schizophren gelten, streben in der Tat nach einer solchen Disziplin, doch verraten sie sich selbst, weil sie als Teil ihrer Familie oder einer psychiatrischen Institution keine Möglichkeit haben, andere Leute zu finden, welche mehr über jene Disziplin wissen, die sie sich anzueignen versuchen. Solche Leute gibt es übrigens sehr selten. Ich glaube, letztlich wird eine soziale Massenrevolution und die Vernichtung der bourgeoisen Machtstruktur nötig sein, um diese menschlichen Möglichkeiten möglich zu machen.

Doch sogar in einer revolutionären Gesellschaft wie in Kuba scheint jenes stillschweigende Einvernehmen zwischen Familie und Psychiatrie fortzubestehen, obwohl in diesem Fall die menschlichen Voraussetzungen für die Abschaffung von psychiatrischen Abteilungen in allen ihren Erscheinungsformen gegeben sind. Im Jahre 1968 schlug ich in Kuba für eine bestimmte Region ein zweijähriges Versuchsprojekt vor: Jeder, der ungewöhnliches Verhalten zeigte (sich z. B. auszog und nackt mitten auf die Straße setzte) sollte in einem Haus in der Nähe Aufnahme finden und von den Leuten dort gepflegt werden. Verantwortliche Aufsichtsfunktion hätte ein rangälteres Mitglied des lokalen Komitees zur Verteidigung der Revolution oder der Föderation der Frauen. Wenn sich eine solche Behandlung von Menschen ohne Hospitalisierung als möglich erweisen würde, könnte man in einem Zeitraum von fünf Jahren durch die Ausweitung dieses Projekts auf das ganze Land jede Psychiatrisierung unterbinden. Eine Gruppe von Psychiatern, die in den USA ausgebildet worden sind, scheint jedoch einem solchen Modell alles andere als aufgeschlossen gegenüberzustehen. Man kann deshalb nur hoffen, daß der Neue Mensch eines Tages die psychiatrische Front durchbrechen wird. Mir scheint, daß die Avantgarde der Psychiatrie der Ersten Welt (d. h. der Anti-Psychiatrie) sich in diesem wirklich soziali-

stischen (d. h. dehierarchisierenden) Land ein ausgezeichnetes Betätigungsfeld erschließen kann.
Ich bin deshalb auf diese Fragen zu sprechen gekommen, weil die konventionelle Praxis der klinischen Psychiatrie darauf abzielt, die besondere Stasis eines Tod-im-Leben-Zustands zu erzeugen, wo immer sich ein Impuls zu echter Disziplin genügend indiskret bemerkbar macht. Anders ausgedrückt heißt das, daß die Psychiatrie eine massive Polizeiaktion ist, mit dem Wunsch, sich ins Grenzenlose auszuweiten – daher die vielen Kliniken mit ambulanter Behandlung und die vielen Sozialhilfeeinrichtungen, die nur so ins Kraut schießen und die ihre Opfer zu Objekten degradieren und in Kategorien pressen und die Mittel über Mittel verschreiben, um die Leute zum Schweigen zu bringen. Eine echte, wachen Sinns erlebte, nicht kategorisierte mortale und postmortale Erfahrung erfordert lediglich, daß die richtigen Leute um einen herum sind. Wenn das der Fall ist, kann man einen Blick zurückwerfen auf sein ganzes Leben, auf Vergangenheit, Gegenwart und Zukunft, indem man in diesem Blick stirbt, indem man sein Leben mit den Augen des Todes sieht, um dann in einer Art von Wiedergeburt, in der einem die (neuen) Augen geöffnet werden, zurückzukehren.
In der Zwischenzeit sterben die Menschen in der ganzen Welt an Hungersnöten oder im Guerillakampf gegen die wesentlich direktere und offenkundigere Bedrohung durch den Imperialismus. Zwar habe ich früher in diesem Buch angekündigt, ich würde mich auf die Lage in der Ersten Welt und auf die Möglichkeiten revolutionärer Aktionen in diesem Rahmen beschränken, doch wird eine solche Einschränkung unsinnig, wenn es um das Problem Tod und Revolution geht.
Es ist naiv und psychologistisch, wenn man vom Tod der Dritten Welt als einer Veräußerlichung des ungestorbenen Todes der Ersten Welt spricht. Versuchen wir deshalb, die Situation phänomenologisch wahr zu machen, das heißt wahrer in Form einer direkten Erfahrung. Wahr ist es natürlich, daß die Erste Welt an ihrer eigenen ökologischen Zerstörung zugrunde geht, indem sie ihre Umwelt durch einen blinden technologischen Gadarenasturz unbewohnbar macht. Doch dies genügt nicht, um die Verschiebung des *locus* des aktuellen gewaltsamen Todes zu erklären. Man kommt der Wahrheit etwas näher, wenn man bedenkt, wie sich die Erste Welt in der Tat eines Todes insofern *beraubt*, als der Tod in Ländern der Ersten Welt in einem bemerkenswerten Grad konventionalisiert und ritualisiert ist. Man verfügt über ein Sortiment aus statistisch wahrscheinlichen «Todesursachen», unter denen man «wählen» kann, und daneben gibt es eine gewisse Determinierung dieser Krankheiten durch die Gesellschaftsklasse. So wird zum Beispiel der kleinbürgerliche Kleinunternehmer, der an einer Koronarthrombose leidet, wahrscheinlich sehr rasch an seiner Krankheit sterben, weil er den Folgen des damit verbundenen Verdienstausfalls und der daraus

resultierenden anscheinend unerträglichen Armut nicht ins Auge blikken kann. Der Großunternehmer dagegen, der an derselben Thrombose leidet, kann sein Leiden auf Grund seiner Kapitalrücklagen auf die leichte Schulter nehmen – er mag sich zwar über gelegentliche «Herzbeschwerden» beklagen, aber deshalb kann er trotzdem noch viele Jahre leben. Dasselbe gilt (in England) für den Arbeiter, der von der Gesellschaft so konditioniert wurde, daß er sich mit der mageren Unterstützung der National Assistance und des National Health Service zufriedengibt.

So stirbt man den Tod, den man gewählt, in der totalen Anonymität, der Kategorie, die man wählt oder in die man gewählt wurde. Der Tod ist eine nicht öffentliche, eine heimliche Sache – vor allem aber ist er unbezeugt und unbetrauert. In der Tat scheint er nicht alle zu treffen. Eine Arbeiterfrau mittleren Alters erzählte mir von einem Familientreffen anläßlich des Todes ihrer Mutter, auf dem man die Bestattung oder Feuerbestattung der Verstorbenen diskutierte (es war in England, im November). Der freimütigste unter den «Oberhäuptern» dieser Familie löste die Streitfrage schließlich mit folgendem Argument: «Wenn sie begraben wird, werden wir uns am Grab wahrscheinlich alle eine Erkältung holen, und dagegen hätte sie etwas. Wenn sie aber feuerbestattet wird, werden wir's warm haben!» Sie hatten es warm.

Die volle Bedeutung des Todes einer bestimmten Person für andere bestimmte Personen ging hier unter in einem defensiven unbewußten Scherz.

In der Mittelklasse ist das Entsetzen vor dem Tod viel größer, weil es viel maskierter ist. Achtbarkeit ist das Losungswort. In einer Familie, die ich sehr gut kenne, hatte die Großmutter mit vierundneunzig Jahren nicht nur den Tod ihres Mannes, sondern auch den ihrer drei Söhne überlebt. Nun, drei Jahre danach, wartet sie auf den Tod ihrer beiden Enkelsöhne. Dann bleibt nur noch ein Urenkel, den es zu überleben gilt. Sie kann also noch ein Weilchen zuwarten. Inzwischen wird sie von den anderen Familienmitgliedern gepflegt, sie wenden sie nach jedem Schlaganfall im Bett, damit sie sich nicht wundliegt, sie waschen sie, sie füttern sie und beklagen sich endlos darüber, wie schwierig sie ist. Niemand wird sie betrauern und alle werden sie vorgeben, über ihren Tod nicht glücklich zu sein – sie werden sich «um ihretwillen» nur erleichtert fühlen.

In England gibt es Krankenhäuser, in die die «unheilbaren» Fälle eingewiesen werden, um dort zu sterben. Nun, vielleicht sollte eine praktische Beziehung hergestellt werden zwischen diesen Todeskliniken und den «Lebenskliniken», falls das keine allzu alberne Bezeichnung für die konventionelle Entbindungsklinik ist. Vielleicht sollte die «Todes- und Lebensklinik» allen offenstehen, die den Wunsch haben, die Sterbenden zu sehen, ihnen zu helfen und mehr über deren Tod zu

erfahren, so wie wenn der Sterbende wüßte, was sie wissen.
In vielen französischen Dörfern wird, wenn jemand gestorben ist, der Wagen der lokalen Müllabfuhr zum Leichenwagen hergerichtet. Oder vielleicht ist es umgekehrt. Zumindest tritt uns in dieser seltsamen Ambiguität eine törichte Aufrichtigkeit entgegen.
Alle Tode in der Ersten Welt sind Morde, verkleidet als Selbstmorde, verkleidet als der natürliche Lauf der Dinge.
In der Dritten Welt ist die Sache einfacher – da ist jeder Tod ein Mord. Mummenschanz ist hier unnötig. Wie können wir voller Mitgefühl die Mörder töten oder, besser noch, das mörderische Wesen der Mörder? Vielleicht indem wir ihnen durch die erforderliche Gegen-Gewalt die Natur ihres eigenen Selbstmords klarmachen? Doch das läuft auf einen Akt der Selbstpreisgabe hinaus, in dem das preisgegebene Ich ein totes Ich, der eigene Tod ist. Man gibt sich anderen nicht preis, vor allem, weil Selbstpreisgabe bedeutet, das eigene Ich dem eigenen Ich preiszugeben.
Der Mann, der ein Kind vergewaltigt, ist gewöhnlich so entsetzt über die Enthüllung der Realität seines eigenen Todes, daß er diesen Tod so rasch wie möglich in den Tod des Kindes entleert. Die Vergewaltigung ist mechanischer Art, und der Tod des Kindes ist kein Mord, sondern die nachweisbare Ausdehnung des plötzlich erkannten und sofort verworfenen Todes des Quasi-Schänders/Quasi-Mörders auf einen anderen. Es passiert hier so lange nichts körperlich Wirkliches, bis die ganze Gesellschaft (das sind «wir») nicht die Opfergabe des verstümmelten Körpers eines Kindes fordert.
Wie können wir die Schilder am Eingang zum psychiatrischen Gefängnis umdrehen, so daß wir uns selbst als die schwer gestörten Insassen einer noch größeren Mülltonne sehen können? «Sie» verletzen oder töten ein oder zwei Menschen, wenn es darauf ankommt. «Wir» normalen Menschen aber ermorden nicht nur sie, sondern Millionen von Menschen in der ganzen Welt. «Ihr» und «unser» Verhaltensmuster ist dasselbe. Das Ausmaß an Zerstörung (dazu gehören auch alle die rationalen Rechtfertigungen des Imperialismus in der ganzen Welt) in «unserem» Fall ist dem «ihren» nicht vergleichbar – «unser» Ausmaß ist ungleich größer, wenn auch weniger offensichtlich, weniger einsehbar.
Ob diese Identität von Verhalten auf einen «Psychologismus» hinausläuft – das heißt auf die Reduktion einer komplexen sozialen Realität auf tatsächliche oder vermutete Arbeitsweisen des Denkens einer bestimmten Person –, dafür ist die tatsächliche Erfahrung des Betrachters der beste Prüfstein. Die experimentellen Resonanzen des Empfindens identifizieren meiner Ansicht jene beiden Ereignisebenen, ohne daß man seine Zuflucht zu nehmen bräuchte zu vermittelnden Strukturen, die dazwischen und daher auf keiner der beiden Ebenen liegen. Die Aufwallung des Prüfen-Fühlens im engagierten Betrachten ist es, die

hier vermittelt. Imperialismus *ist* der Sexualmörder (der einem, im Gegensatz zu den meisten Sexualmördern, nicht mehr als normal erscheint), der schließlich durchgedreht hat. Zu ihrer Selbsterhaltung erfindet die bourgeoise Gesellschaft verschiedene Kategorien von Wahnsinn. Die diagnostischen Pfeile, die auf bestimmte Opfer gerichtet sind, sollten gewendet werden und auf ihren Ursprung zurückzielen – das ist das abwesende Herz und die Abwesenheit des Geistes eines jeden von uns, die wir die Strukturen dieser Gesellschaft unterstützen.

Es wäre absurd, eine Ideallösung zu predigen, wenn man erkennt, daß die verschiedenen Spaltungen und Zersplitterungen von radikalen aktiven Gruppen nicht nur unvermeidlich, sondern tatsächlich auch der Sache der Revolution in der Ersten Welt förderlich sind. Wenn freilich eine hierarchisierende Bürokratisierung eine gewisse Grenze überschreitet, wie dies mit den meisten kommunistischen Parteien der Ersten Welt der Fall ist, dann wird die konzentierte revolutionäre Aktivität in ihrer Wirkung durch ein verstecktes gemeinsames Manövrieren mit bourgeoisen Machtstrukturen eingeschränkt. Eine lebensfähige und realisierbare Revolution erfordert sowohl die externe, massensoziale als auch die interne, personale und private Loslösung von allen Machenschaften der kapitalistisch-imperialisierenden Gesellschaft. Das bedeutet mehr als, sagen wir, eine reformistische Infiltrierung von Massenmedien oder ein strategisch geplanter, aber offensichtlich verfälschter und unaufrichtiger Reformismus im Bereich des Studentenlebens. Das bedeutet eine klare Realisierung unserer Wünsche, durch die wir unser Leben riskieren mögen, wenn wir es nicht riskieren können, unserem Tod zu begegnen.

Die «Thesen über die Kommune» der Situationisten beziehen sich auf die Kommune als den größten Karneval des 19. Jahrhunderts, doch der Versuch, den Louvre niederzubrennen, ist bloß symbolisch gemeint. Die revolutionäre Aktivität muß alles Symbolische überwinden, und wir müssen so klar wie möglich die Funktion «wirksamer» Institutionen in der bourgeoisen Gesellschaft erkennen und formulieren. Wenn wir diese Institutionen objektiv bloßstellen (weil wir erkannt haben, daß sie lebendiges Wachstum lediglich vortäuschen), können wir weitergehen und die verunmöglichte Erkenntnis verunmöglichen, nach der die Leute, die gern andere Leute verunmöglichen, ihre eigene Erkenntnis ihrer passiven Gewalttätigkeit verunmöglicht haben – einer Gewalttätigkeit, die sowohl aktiv den Rest der Welt zerstört als auch den Ursprung dieser Gewalttätigkeit in der Ersten Welt verschleiert.

Alle Strategien werden im Sinne einer falschen Suche nach tröstender Solidarität zu Ausweichmanövern. Solidarität kann nur erreicht werden durch ihre tatsächliche Invention in Arbeit und Kampf. Daß Arbeit und Kampf von Individuen und kleinen Gruppen verwirklicht werden, impliziert nicht die Zersplitterung der revolutionären Bemühung, sondern lediglich die Anerkennung der Reinheit dieser Bemühung in ihrer einzig verbleibenden historisch aktuellen Form.

Die meisten radikalen Strategien laufen traurigerweise auf ein introspektives Spielespielen hinaus, das der Härte und Starrheit der Welt außerhalb der kleinen Gruppe aus zehn bis hundertzehn Leuten aus dem Weg geht.

In der Dritten Welt sind Strategien notwendig, und der Kapitän muß der letzte sein, der das sinkende Schiff verläßt. In der Ersten Welt springt der Kapitän als erster ins Rettungsboot, denn das will er ja sowieso, und wenn er schwer genug ist, wird sich das Schiff um so länger über Wasser halten. Aber ich hoffe, nicht zu lange. Das Schiff wird sinken, und wir werden auf selbst gewähltem Kurs an Land schwimmen müssen. Im Augenblick sitzen wir alle im selben Boot, aber die Reise eines jeden geht woanders hin. Je unterschiedlicher die Reisen, desto besser; doch wieviel Unterschiedlichkeit können wir persönlich vertragen? Wenn wir das Schiff sinken lassen, finden wir vielleicht unseren eigenen Weg oder vielleicht ertrinken wir – auch das ist dann unser Weg – oder vielleicht finden wir einen Fußbreit Boden, um uns darauf auszuruhen, bevor wir uns auf den Weg machen, um uns völlig reale und völlig unsichtbare Nahrung zu suchen.

Die gute Mahlzeit, auf die wir aus sind, wird gewiß weit über die Oralität hinausgehen und mag aus einem Kieselstein bestehen, den wir in unserem Mund halten. Das ist aber immer noch besser, als den Mund ganz zu halten, wenn einen das schreiende Bedürfnis überkommt, das jenseits jeder persönlichen Äußerung liegt, das Bedürfnis, die Wahrheit zu sagen. Die logische Struktur dieses «Sagens» ist hier zweideutig in ihrer totalen Entfaltung in der Sprache. Seinem linguistischen Ursprung nach reicht das «Sagen» vom Aufzählen von Entitäten bis hin zum Wiedererzählen, zum Geschichtenerzählen – dieses Geschichtenerzählen aber ist ein poetischer Akt der Gewalttätigkeit gegen die Rechenkunst. Geschichtenerzählen bedeutet, eine wahre Geschichte erzählen, die allen Multiplikationstabellen unerbittlich ins Gesicht pißt und einigermaßen mitfühlend einen Witz über die Absurdität reißt, derzufolge manche Leute glauben, sie lehrten andere Leute, daß zwei und zwei nicht fünf oder sechs oder drei sind. Um die Vier möglich zu machen, müssen wir sie als Möglichkeit so lange gelten lassen, bis wir bereit sind, sie anzuerkennen oder abzulehnen. Der Sturz des Empedokles ist unser aller Sturz – hinein in den Ätna unseres Ich. Die Tragödie der Geschichte von Gadara liegt in der scheinbaren Heilung des Besessenen, der sich von seinem Wahnsinn selbst befreite und die Schweine damit schlug. Nichts Wunderbares ist an dieser Ablehnung des Arschlochs des Schweines, das grunzend und klagend zu einem gerechten Sodomsakt einlädt.

Die Wahrheit ist keineswegs das Gegenteil von Lüge. Es gibt Wahrheiten, die lügen, und Lügen, die wahr sind. Wahrheit (die «WAHRHEIT») ist die Erkenntnis dieser Zweideutigkeit und ihrer systematisch ironisierenden Verwendung in der Welt, eine Verwendung, die beide Spiele, das eine auf der kleinen und das andere auf der größeren sozialen Skala, ablehnt.

Die Wahrheit anerkennt ihre eigene Spaßhaftigkeit, während sie das Komische und den Scheintrost irgendeiner Art von Humor ablehnt. Aber zugleich ist sie nicht humorlos, denn der Parameter Humor/Humorlosigkeit ist für ihr Wirken in der Welt irrelevant.

Wahrheit ist ein entsetzlicher Wahnsinn
Wahrheit ist ein tödliches Erwachen
Wahrheit ist der Revolver der Revolution.
Revolution wird gleichgesetzt mit
dem Minutenzeiger der Uhr die
in ihrem Gesicht herumwischt und immer den-
selben Punkt auf einer historischen Linie trifft.
Wahrheit ist die ungehinderte Vision des Gesichts
das sein eigenes KLARES LICHT ist, bereits
vollendet als Abschluß in der Gegenwart der
der Gegenwart nicht mehr voraus sein kann.
Wahrheit ist Tod lebbar gemacht
Wahrheit, mit einem Scheinmanöver hinein in
die Simplizität, ist was wir
verwirklichen werden –
Jetzt, das ab und zu nicht dann ist,
sondern wahrscheinlich jetzt.

Die Moral von dieser Geschichte ist die, daß der Tod nicht mehr unterwürfig hingenommen werden darf, sondern statt dessen mit zunehmender Intensität gefürchtet werden muß. Gewiß, diese Angst muß im Zaum gehalten werden, doch muß der Tod schon von dem Augenblick an zu leben beginnen, in dem wir ihn in die Welt setzen. Wenn die Geburtswehen beginnen, mögen wir entdecken, daß ein wunderschöner Säugling aus unserem Schoß in unsere eigenen Geburtshelferhände fällt, ein Säugling mit dem klar erkennbaren Aussehen unseres Todes.

Ich kannte einst einen Mann, der glaubte, er würde, wenn er sich hinlegte (Schlafen war weniger schlimm) sterben. Wenn er sich hinlegte, begann das Bett unter ihm zu pulsieren, doch war es seinem eigenen Herzschlag immer etwas voraus. So blieb er auf, bis er vor Erschöpfung umfiel. Jeder von uns kann ein Berry-Aneurysma haben, ein kleines Geschwulst an einer Arterie im Gehirn, das recht undiagnostizierbar sein kann und das jeden Augenblick aufbrechen und uns in Sekundenschnelle töten kann. Bevor ich diesen Satz zu Ende geschrieben oder bevor Sie ihn zu Ende gelesen haben, kann ich oder können Sie tot sein. Und so kann natürlich jeder von uns nachts im Schlaf sterben. Alles, was wir wissen, ist, daß wir über jene Todesweisen rechtzeitig Bescheid wissen werden – nicht erst in jenen wenigen Sekunden der Erkenntnis. Wenn wir aufmerksam genug sind, wissen wir über unseren Tod jetzt schon Bescheid und wissen wir, daß alle wirklich miterlebten Tode revolutionäre Tode sind. Durch eine mitfühlsame Integration unseres Todes befreunden wir uns mit diesem Teil unseres Lebens, doch bedeutet Freundschaft einen maximal gesteigerten Terror, der etwas mehr ist als Liebe in Form von bloßer Bindung.

Freundschaft ist etwas schwieriger als Liebe, denn die Freiheit, sich zur Abgetrenntheit zu entscheiden, die meiner Ansicht nach, wie wir sahen, die zentralste Definition der Liebe ist, ist in diesem Fall nicht wählbar, sondern bereits gewählt.

«Ich ging allein mit einigen Freunden zu einer Demonstration.» Wenn genügend Leute das erkennen, wird der Grosvenor Square endlich in Flammen aufgehen.

Der Tod ist das Ende einer Solidarität, erhellt durch die Entdeckung einer völlig nicht-substantiellen Solidarität.

Ich gebe keine Rätsel auf denn das Rätsel
nennt und ruft mich bei meinem Namen.
Das Rätsel kennt zumindest meinen richtigen Namen
und erzählt mir was er ist.

Aber ich kann immer noch nicht hören, denn die Resonanzen dieses Angerufenwerdens sind zu tief, zu still für meinen Gehörsinn – ein Gehörsinn, der festsitzt in einem endlosen, aber paradoxerweise begrenzten menschlichen akustischen Bereich, jenseits dessen ich die meisten und gewiß die wichtigsten Töne vergessen habe, es sei denn, sie verwandeln sich in einen angenehm aufdringlichen Lärm. Lärm ist willkommen kraft des Falls seiner Ablehnung.

Tod ist die Freiheit seinen letzten Atemzug schreiend und gurgelnd *in* diesem Leben zu tun – aber es gibt nur wenige Orte, wo man das genügend ungestört tun könnte. Ich glaube, wir müssen in der Metropole Einöden schaffen, wo die Leute ungestört schreien können.

Einen Trost gibt es in alldem: Unser Tod wird auf uns warten, wenn wir auf ihn warten können.

Stille und Warten sind immer schwierig, doch das Warten und die Stille umgrenzen das Herz der Revolution. Wenn wir noch etwas zuwarten, mag die Stille zu jenem Herzen selbst werden.

Mein Testament und Letzter Wille

Im Talmud heißt es: «Bevor Gott die Welt schuf, hielt er den Lebewesen einen Spiegel vor, damit sie in ihm erkennten die Leiden des Geistes und die Verzückungen, die hervorgehen aus ihnen. Manche unter ihnen nahmen die Bürde des Leidens auf sich. Doch andere verweigerten das, und diese strich Gott aus dem Buch des Lebens.»

Dieser unklare und unbarmherzige Gott, von dem man unverantwortlicherweise, aber mit Recht annimmt, er hätte gesagt, daß die Kreatur – verstoßen wie sie ist aus dem Denken der Leute, die im Interesse einer sozial geforderten Demütigung jedes Eingeständnis ihrer Vermessenheit von sich weisen – daß diese Kreatur also, die jede dämmernde Demut verdreht und prostituiert und von ihr prostituiert wird, eine ganz und gar verlogene und vermessene Kreatur ist.

Doch nehmen wir diese Worte lexikologisch, also viel zu simpel. Der Letzte Wille ist das letzte, was wir in der Welt wollen oder was wir wollen, daß wir es wollen, da jeder Letzte Wille zum Spiegelbild wird einer Nicht-Zugehörigkeit zu uns selbst, die uns verwandelt von Personen in Personifikationen einer jeden in jedem Augenblick uns möglichen Person. Der «letzte» Wille ist nichts anderes als der Wunsch, der einem vergangen ist. Aber vielleicht könnten wir aufhören mit diesem Letzten Willen und statt dessen unseren Willen wollen, damit unser Wille willens wird, unsere Wünsche auf- und zusammenzurufen aus dem unträumbaren Bereich der Phantasie und aus der unvorstellbaren Lakune eines abgeschlagenen Wunsches. Erst dann können wir den letzten Wunsch und Willen, der einem vergangen ist, vergangen sein lassen und statt dessen ein wirklich gültiges Formular ausfüllen, das wie ein Gedicht oder wie ein Lied aussehen wird oder das eher gezeichnet als aufgezeichnet sein wird, ein Wille, der aus meinem Willen Wirklichkeit macht – die Wirklichkeit des Nehmens, so daß ich mir das nehme, was ich von der Welt will, und das noch bevor ihr – ihr anderen – das hier lest.

Das Wort «Testament» taucht uns ins Visuelle hinab. Ein bewußt in Angriff genommenes Testament läßt erkennen, daß man nie erkannt worden ist. So daß wir, gestrandet in der Leere des üblichen sozialen Verkehrs (Verkehr meint hier eine Art von Herumrennen zwischen anderen Leuten, von dem man annimmt, daß man dabei von jenem richtigen Weg abkommt, der einem vorgeschrieben ist von der normalen, unganzen, unheiligen Welt, die sich selbst als heilbar ausgibt) – daß wir in dieser Leere anfangen, zum erstenmal Zeugnis abzulegen durch diese absonderliche testamentarische Niederschrift. Wir untersuchen genau unsere Körper, spüren das Steifwerden unserer Schwänze oder die fluktuierenden Spannungen unserer Votzen, und mit einem richtig placierten Spiegel verwandeln wir einen voll beglaubigten Haufen Scheiße in unsere Geburt, die aber von unserem Testament und Letzten Willen verleugnet wird, wenn wir nicht wollen, daß sie das nicht sollen.

Wie verwandeln wir das konventionelle Testament in eine Art von Gabe, so daß unsere Gräber nicht mehr mit jenen Blumen des guten Willens geschmückt werden, sondern daß die Blumen wie saftiges Gras auf dem schönen und seligmachenden Dünger gedeihen, dem Dünger der sanft voranschreitenden Verwesung unserer richtig gestorbenen Körper? Wenn wir ein wirklich neues Testament machen wollen, das den «perfekten Zielen» des Alten und des Neuen Testaments aus dem Weg geht, müssen wir etwas mehr in Erfahrung bringen über die Bedeutung dessen, was eine Gabe ist. Die Testamentierung muß dann darin bestehen, daß der Sorgfalt dieser Zeugnisablegung der Garaus gemacht wird und daß dieser Akt eine gewaltige Menge an Absurdität schlucken muß, damit ihm der Witz ausgetrieben wird, damit er aufhört mit seinen Bezeugungen, damit es in ihm wieder Geben und Nehmen gibt. Doch die Ambiguität der Gabe muß voll erkannt werden, wenn wir nicht die etablierten Formen der sozialen Gewalttätigkeit, über die ich in diesem Buch geschrieben habe, perpetuieren wollen.

Im Altnorwegischen und Mittelhochdeutschen und im heutigen Holländisch und Deutsch entdecken wir, daß die weibliche Form des Wortes «Gift» eine Gabe bedeutet, der ein Gefühl der Großzügigkeit zugrunde liegt. In seiner sächlichen Form bedeutet «Gift» Gift. Was «Gift» in seiner männlichen Form bedeutet, ist linguistisch nie entschieden worden: vielleicht ist diese Form, historisch gesehen, von jeder sozialen Wahl viel zu weit entfernt placiert worden.

Menschen sind Menschen. Eines Tages werden sie Leute werden, aber wir müssen in unserer Untersuchung unseres Testaments fortfahren, damit sich uns jene Körper-und-Geist-Höhle voll erschließt, aus der die Menschen kommen.

Menschen in Ländern der Ersten Welt verfolgen die Dritte Welt, aber auch Minderheiten in der Ersten Welt, einschließlich der größten «Minderheit», die Frauen. Dem zugrunde liegt der offenkundige Neid der Menschen auf die Negritude, die farbenfreudig, voller Zeugungskraft und höchst lebendig ist. In jeder Ejakulation gibt es Tausende von Spermatozoen, doch in der Frau gibt es nur ein Ei, das einem bestimmten Sperma das Schicksal aller Spermen erspart. So gesehen sind Ejakulationen großenteils kontingent und indifferent. Männer sind so überzeugt von sich und ihrem Schwanz, daß der Orgasmus unter ihnen in Wirklichkeit vielleicht weniger verbreitet ist als unter Frauen.

Physikalisch-wissenschaftlich gesehen ist die Farbe Schwarz, wie ich bereits sagte, eine phantastische Konzentration aller Farben. Der Weiße ist fahl und farblos geworden, weil er entsetzt ist über seinen Neid, seine Mißgunst. Sein Hautgewebe ist blutlos geworden wegen seiner perpetuellen und perpetuierten Angst. Die klassische Interpretation der Angst des Weißen als Angst vor seiner Potenz ist eher irrelevant als lächerlich. Der Weiße beneidet den Schwarzen ganz einfach um seine *Farbigkeit.* Völkermörderische Kriege gegen Schwarze ist die Standardverteidigung gegen diesen Neid, und es gibt eine klar erkennbare Relation, wenn auch keine Gleichung, zwischen dem Rassenmord und der Unterjochung der Frau.

Ich glaube, die Revolution wird nur dann zu einer genügend totalen sozialen Realität werden, wenn die Weißen alle Farben in der Farbe Schwarz akzeptieren können und wenn sie danach auch Kinder haben können.

Die guevaristische Doktrin vom Neuen Menschen in Kuba kommt dieser erweiterten Bedeutung der Revolution, der ich auf diesen Seiten nachgegangen bin, sehr nahe. Der Neue Mensch ist der pragmatische Revolutionär, der die Machtstrukturen des feudal-bourgeoisen Staates wirksam zerstört und sich an Macht nimmt, was immer er braucht, um eine autonome Gemeinschaft zu unterstützen; diese Gemeinschaft lernt er mit der Waffe verteidigen, aber zugleich benutzt er die marxistische Theorie als eine Methode, in der Welt zu sein, bei der ausbeuterische Verhältnisse nie wieder errichtet werden können. Wenn sich jedoch eine bürokratische Hierarchisierung zu entwickeln beginnt, kann sie sehr rasch bereits im Keim erstickt werden. Natürlich gibt es in Kuba, nur elf Jahre nach seiner Befreiung, immer noch bürokratische Tendenzen, doch habe ich dort keine Evidenz dafür entdecken können, daß die Kubaner die Auferlegung von verkalkten Formen von Nicht-Leben lange dulden würden.

Der Grund für diesen originären revolutionären Erfolg im Falle Kuba liegt in anderen Charakteristika des Neuen Menschen, die ich zu umreißen versuchen will. Jene unter den ersten Revolutionären, die eine spanisch-katholisch-bourgeoise Vergangenheit hatten, brachten aus dieser Vergangenheit mit einem poetisch-visionären Sprung, der die Verbindung einer revolutionären Bewegung mit angeblich abergläubischen Bauern ermöglichte und vor allem mit dem Geist des Voodoo in der afro-amerikanischen Bevölkerung – ein Geist, der, wie verborgen und implizit er auch bleiben mag, der Erfahrung nach die fortwährende Möglichkeit einer Regeneration definiert. So entdeckt man bei einer Durchleuchtung der Ideologie des Neuen Menschen einen seltsamen Synkretismus, der von den schamanistischen Ursprüngen des Voodoo bis zu einem Proto-Christentum reicht (die Idee vom Neuen Menschen beim heiligen Paulus), dem Proto-Christentum vor der Zeit, als das Christentum institutionalisiert und konterrevolutionär wurde, und von jenem Proto-Christentum hin bis zu der vollen Integration dieser Lichtstrahlen aus einer fernen Vergangenheit in der heutigen Illumination eines fortwährend erneuerten Marxismus, der in der Tat das glatte Gegenteil von Revisionismus ist.

Ich glaube, daß wir jetzt beginnen können, ein Bindeglied zu definieren, das zwischen Formen der Revolution der Dritten Welt und dem besteht, was sich im Herzen der revolutionären Verwandlung der Ersten Welt abspielt. Als ich vor einiger Zeit auf einer Massenversammlung anläßlich des Jahrestages der kubanischen Revolution sprach, fragte ich die Leute, wie viele unter ihnen in diesem Stadium bereit wären, für die Sache der sozialistischen Revolution zu sterben. Ein sympathischer junger Mann erklärte mir später, er glaube, er sei bereit. Die Frage war sowohl ironisch als auch direkt gemeint. Ich glaube, daß wir heute ganz einfach so weit sein müssen, daß wir unser Leben auf den Straßen im urbanen Guerillakrieg riskieren – ich brauchte sechsunddreißig Jahre, um soweit zu kommen, aber manche unter uns erreichen diesen Punkt wesentlich rascher. Doch um in die volle Ambiguität dieses «Sein-Leben-Riskierens» tiefer einzudringen, müssen wir, glaube ich, diesen Akt als eine mutige Bewegung betrachten, heraus aus jeder Form einer sozialen Stasis, der wir ins komfortable Netz gegangen sind. Ich meine da zum Beispiel die Existenz in etablierten, monogamen Formen des Familienlebens, die die eigenen Arbeits- und Liebesbeziehungen einschränkt und durch die das Leben von jedem, der mit uns in Kontakt kommt, negativ beeinflußt wird. Ich habe dieses Thema bereits in meiner Durchleuchtung der *Illusion von der Quantifizierbarkeit der Liebe* behandelt.
Aber man muß auch den Mut finden, um jederzeit institutionelle Arbeitssituationen, die uns mit ihrer falschen familienähnlichen Sicherheit nur allzu gern zerstören würden, zu verlassen und dann andere Möglichkeiten des kooperativen Überlebens im prärevolutionären Westen zu finden. Worauf ich in der Tat hinaus will, ist, daß, eine gewisse erleuchtende Verzweiflung immer vorausgesetzt, das «Sein-Leben-Riskieren» zum Synonym dafür wird, daß man sein Leben riskiert, um sein Leben zu retten. Es gibt keine Großzügigkeit in den konventionellen Selbstmorden, die wir in Familie und Arbeit wählen. Und genauso wenig gibt es hier sicher keine Selbstliebe und daher keine Möglichkeit einer wahrhaft unzweideutigen Gabe für andere.
Philippe Ariès hat in seiner Untersuchung der sozialen Bedeutung von Testamenten* gezeigt, wie die Familie vor der Mitte des 18. Jahrhunderts in das Leben des einzelnen nur in Krisenfällen oder nach dem Tod eingriff. Erst seit der Mitte des 18. Jahrhunderts ist die Familie in das Alltagsleben ihrer Angehörigen in einem solchen Ausmaß eingedrungen, daß die alltägliche Existenz des Menschen fast ausschließlich von der Familie beanspruchter und besetzter Schauplatz geworden ist – faktisch ein Schauplatz der brutalsten Verbrechen, Morde mit einbeschlossen. Alle Morde sind Familienmorde, begangen entweder in einer richtigen Familie oder in Situationen, welche die Familie kopieren.
Die Familie, die ihrer Form nach alle unsere Institutionen charakteri-

siert, zerstört im wesentlichen jede autonome Initiative, indem sie die Nicht-Anerkennung dessen definiert, was ich als richtige Dialektik der Einsamkeit und Gemeinsamkeit genannt habe. In den letzten beiden Jahrhunderten ist die Familie in das Leben des einzelnen auf eine Art gewaltsam eingedrungen, die für das Fortwirken des imperialisierenden Kapitalismus wesentlich ist. So wie sie sich definiert hat, darf die Familie einen nie allein lassen, weil sie die Hypostasierung des bis zum äußersten perfektionierten Massenmediums ist. Die Familie ist der Fernsehapparat, der im Überfluß Farb-, Tast-, Geschmack- und Geruchseffekte ausstrahlt, der Apparat, dem beigebracht wurde, zu vergessen, wie er sich abschaltet. Keine psychedelische Droge wird uns je zu einem echten Trip andrehen, wenn wir nicht fähig sind, die richtigen Knöpfe an diesem Familienapparat abzudrehen. Diese Abschaltung geschieht in Form einer Evakuierung oder zumindest teilweisen Neutralisierung der Familienvorstellungen und (wichtiger noch) der *Funktionsweisen der Familie* in unseren Köpfen. Diese Familie ist ein System, das wir die ganze Zeit jedem anderen aufzwingen – und zwar mit einer unwissenden Gewaltsamkeit, die jeden zur unwissenden Vergewaltigung der Quelle jener unwissenden Gewaltsamkeit herausfordert – das aber ist dort, wo wir in die Welt kamen.

Die Zeit, um unser Testament und unseren Letzten Willen niederzuschreiben, ist jetzt, und nur eine Klausel ist wesentlich und dringlich: Nichts darf der Familie bleiben. Mütter, Väter, Brüder, Schwestern, Söhne und Töchter, Ehemänner und Ehefrauen – sie alle sind vor uns gestorben. Als Leute existieren sie nicht, und deshalb kann man ihnen auch nichts von sich selbst zurücklassen, genauso wenig wie man sie nicht irgendwo in einem selbst zurücklassen kann. Das Blut der Blutsverwandschaft ist bereits in die Gossen der suburbanen Familienstraßen geflossen.

Das Zeitalter der Verwandten ist vorbei, denn das Relative dringt in das absolute Zentrum unsers Ich ein, genauso wie wir in sein Zentrum eindringen, und das so lange, bis wir diesen Willen verwirklichen.

Hoffen wir, daß wir am Ende unseres Lebens mit einer gewaltigen, wenn auch geschundenen Liebe zurückbleiben, die wir dann, zusammen mit der schließlich niedergerungenen Verzweiflung, zurücklassen können. Das aber ist es, was wir den Männern, den Frauen und den Kindern zurücklassen wollen.

Ich werde es tun.

Gnomische Gaben

Es gibt wahrscheinlich sechs oder acht Möglichkeiten, um einen Mann zu kastrieren, doch sind die ersten beiden Möglichkeiten, die nicht zum Messer greifen, vermutlich die wichtigsten. Man kann entweder den Schwanz dem Mann wegnehmen oder man kann den Mann dem Schwanz wegnehmen.
Von Ann.

Tiz, ein Psychologe, erzählte mir von einem Jungen in einer geschlossenen Anstalt, der seiner Mutter den Kopf abgeschnitten hatte, um ihn dann in der Backröhre zu rösten. Meine Reflektionen über diese Geschichte waren die, daß der Junge vielleicht hungrig war.

Billie, acht Jahre alt, meinte zu mir nach einem Besuch bei seinen Großeltern in New York: «Sie foltern mich mit Essen.»

Alles Gute zum Vor-Geburtstag

Warum fügen wir unserem Alter von unserem Geburtstag an gerechnet nicht ein Jahr hinzu, um so den Stand der Dinge zu feiern, wie er ein Jahr vor dem Tag war, an dem wir zur Welt kamen! In jedem Stadium gab es zwei Gruppen von chemischen Substanzen, jeweils verteilt in den Körpern unserer Eltern – ein sich ausbildendes Ovum in einem der Eierstöcke unserer Mutter und ein unausgebildetes Sperma in einem der Hoden unseres Vaters. Wenn es uns nun gelingt, diese chemische Gespaltenheit tief genug nachzuempfinden, mögen wir – oder mögen wir natürlich auch nicht – dieser unmittelbar bevorstehenden chemischen Heirat erwartungsvoll entgegensehen, und wir dürfen uns dabei sicher sein, daß dies die einzige Heirat in der Welt als ein bloßes, schieres Ereignis ist – ein Ereignis, das die entsetzte soziale Zwanghaftigkeit der «Heirat» in ihrem üblichen Sinn ins rechte Licht rückt.

Ganz gewiß müssen wir uns auf die Grenzen dessen einigen, was faßbar und begreiflich ist an dem sozialen Verhalten von Leuten, das auf «Psychoanalyse» und «analytische Psychotherapie» zurückzuführen ist. Die Intelligibilität menschlichen Verhaltens kann noch vertieft werden durch die «existentielle» Erwägung der Möglichkeit der Transzendenz jeder mikro-sozialen Konditionierung durch bestimmte kritische Wahlakte, die einen in neue Konditionierungsbereiche hineinführen, die ebenfalls wieder durch radikale Wahl verworfen werden können.

Jenseits davon tauchen wir in geheimnisvolle Bereiche, die begriffen werden müssen, das heißt, sie müssen wissend ergriffen und zumindest zeitweise festgehalten werden, da sie nicht erkannt werden können in dem besonderen Licht der Undeutlichkeit einer bestimmten Sicht, die ein Spießrutenlaufen ist durch die meisterhaft arrangierte Schwerter der Mystifikation – ein Spießrutenlaufen, das aus der Mannigfaltigkeit defensiv sich selbst blendender Spiele besteht, die gespielt werden zwischen Leuten, die auf die eine oder andere Weise persönlich und direkt aneinander gebunden sind. Mystifikation ist von beiden Seiten gewählte und verursachte Weise eines Nicht-Sehens, das sich selbst als sozialen Plan definiert, der eine koordinierte Anhäufung (Feind jeder Synthese) aus Strategien und Taktiken ist – diese aber zielen auf eine Zerstörung der Sicht ab, womit ich die Konjunktion von Licht und Dunkel in einem gegebenen sozialen Ganzen meine. Dieses bezeichnete soziale Ganze können die Bettler von Kalkutta sein, die wirklich leben und sich nicht wohl fühlen würden in den weißen Ghettos von New York und Chicago und in den Kommunen von San Francisco und Notting Hill Gate. Auch die völkermörderisch vergewaltigten Menschen in Südostasien und Südafrika und Angola können dieses Ganze sein, die, das wissen wir doch so genau, ein angenehmes, bequemes Leben führen und immer noch völlig überzeugt ihre leichenhaften Mörder in den glo-

bal destruktiven trügerischen Schein einer Macht berufen, wie sie in den vornehmsten Teilen von Greenwich Village, Neuillysur-Seine und Welwyn Garden City zu Hause ist. Oder jede Familie oder jede Freundschaft oder jedes Netz aus Leuten, die du entweder persönlich kennst oder die du dir vorstellen kannst, kann dieses Ganze sein.
Die Ankunft des demystifizierten Mysteriums in der Welt – durch jede beliebige Person – ist revolutionär von dem Augenblick an, in dem seine institutionelle Entstellung in oszillierende Systeme aus Selbstmord ⟷ Mord mündet.

Es war einmal ein junger Mann, der sich seine ganze Kindheit lang, bis er neun Jahre alt war, danach gesehnt hatte, von seinem Vater gezüchtigt zu werden. Eines Tages holte sein Vater tatsächlich mit der Hand aus, in der Absicht, seinem Sohn eine aufs Hinterteil zu geben. Doch was passierte? Sein Handrücken landete im Gesicht seiner voyeuristischen Frau.

Als ich die vierjährige Heidi die Sprache der Bäume gelehrt hatte, als ich ihr gezeigt hatte, wie man ihnen die Hand schüttelt und wie man dann ihre verschiedenen Antworten hört, wie der Baum «Hallo» sagt und wie man die ruhige Reserviertheit anderer Bäume überwindet, meinte sie: «Ich glaube, du bist richtig verrückt!»

Zueignung

Meiner Ansicht nach sind Widmungen wichtige persönliche Stellungnahmen und nicht bloße Förmlichkeiten. Daher möchte ich dieses Buch nicht Ronald Laing widmen, dem ich mehr verdanke als irgendeinem Menschen auf oder unter dieser Erde, und auch nicht Juliet Mitchell, mit der ich während der Abfassung dieser Arbeit zusammen lebte und liebte. Sie kennen meine Gefühle sowieso.

Als ich dieses Buch gegen die Familie zu Ende brachte, machte ich eine tiefe geistige und körperliche Krise durch, eine Tod- und Wiedergeburterfahrung der Erneuerung, so wie ich sie auf diesen Seiten beschrieben habe. Die Menschen, die in der schlimmsten Phase dieser Krise bei mir waren, um mich mit unglaublicher Güte und Besorgnis zu pflegen, waren mein Bruder Peter und meine Schwägerin Carol und ihre kleinen Töchter. So wie es bei einer echten Familie der Fall sein sollte. Ich lehrte die vierjährige Heidi die Sprache des Wassers und wie man dem Ast einer Eiche die Hand schüttelt und «Hallo» zu ihm sagt und dann auf die erstaunlich unterschiedlichen Antworten hört, die Bäume geben können. Was sie mich lehrte, reicht viel tiefer.

Anmerkungen

Seite 12: *‹Psychiatrie und Anti-Psychiatrie›*, edition suhrkamp, 1971.

Seite 24: Grace Stuart: *‹Narcissus, A Psychological Study of Self Love›*, George Allen & Unwin, 1956.

Seite 26: Man reflektiere in diesem Kontext über die historische Auswirkung der Differenz der schriftlich und mündlich überlieferten *Tora.* Aus der schriftlichen Überlieferung wurde eine menschlich einengende, aber sozial kohärierende Lehre; die mündliche Überlieferung dagegen, vermittelt von Mensch zu Mensch in Konfrontationssituationen, wo die kleinste Geste und Intonierung Teil der Botschaft war, wurde zu einer gefährlichen Quelle der Freude und Befreiung, die immer wieder in die verbale Kapsel zurückgedrängt werden mußte.

Seite 29: Ich meine hier nicht die klassische marxistische Unterscheidung zwischen der Infrastruktur als materialistischer Basis (im Sinne von Produktionsmitteln und Produktionsverhältnissen) einerseits, die in Wechselseitigkeit den Überbau als Bewußtsein beeinflußt und durchdringt, sowie ihrer Produkte andererseits, welche die Infrastruktur «reflektieren». Mit «ontologischer Infrastruktur» meine ich den *Ursprung* dieser wechselseitigen Beeinflussung und Durchdringung, die nicht analysierbare, aber lokalisierbare Vorbedingung der Analyse.

Seite 35: Ich meine hier Phantasien im Sinne von bewußten Meditationen und nicht Phantasien im Sinne von «unbewußten Phantasien», also nicht die «Projektion» des «Verinnerlichten».

Seite 44: Wir haben nun den Bereich der Objekt-Chronologie verlassen, so daß sich «während» und «nach» auf eine subjektive Zeit oder auf die eigene «Temporalisierung» des Ich beziehen.

Seite 45: Ich spreche hier von Gemeinschaften, die unter der Schirmherrschaft der Philadelphia Association, London, ins Leben gerufen wurden.

Seite 47: Dies gilt für andere Bereiche der Medizin außerhalb der Psychiatrie. Wie viele Gynäkologen können es zum Beispiel ihren Patienten zugestehen, daß diese ihre eigenen Kinder bekommen? Daher würde ich vorschlagen, daß ein Teil des Ausbildungsprogramms des Gynäkologen in Zukunft darin bestehen soll, daß dieser zumindest eine Stunde pro Woche am Bett einer seiner Patientinnen verbringt und ihr zuhört, wie sie über ihr Frausein spricht.

Seite 51: D. G. Cooper: *‹Jenseits der Worte›*, in *‹Dialektik der Befreiung›*, Rowohlt, 1969.

Seite 58: Seit der französischen Mairebellion im Jahre 1968 verfolgen die französischen Behörden eine Strategie, die darin besteht, daß sie radikale Denker an einem Ort zu sammeln versuchen, um so die

Unterdrückung neuer Ideen zu vereinfachen; ein hervorragendes Beispiel hierfür ist die unter einem absurden Vorwand erfolgte Entfernung Jacques Lacans von der Ecole Normale Supérieure und das danach an ihn ergangene Angebot einer Lehrstelle in Vincennes, am Stadtrand von Paris.

Seite 59: Ich beziehe mich hier nicht nur auf freie Universitäten, spontan ins Leben gerufen durch Rebellionen in etablierten Universitäten, sondern auch auf andere Prototyp-Erfahrungen, die sich zum Teil sehr stark von dem unterscheiden, was ich in diesem Kapitel beschreibe. Ich meine zum Beispiel das Neue Versuchscollege in Dänemark, die Freie Universität in New York, die Anti-Universität in London (gefördert vom Institute of Phenomenological Studies, einer «Schatten»-Anti-Organisation, die auch den *Kongreß über die Dialektik der Befreiung* in London organisierte – vgl. ‹*Dialektik der Befreiung*›, herausgegeben von D. Cooper, Rowohlt, 1969 – und die verschwindet, um wieder aufzutauchen, wenn und falls sie sich dazu entschließt) und andere.

Seite 60: In der Anti-Universitäts-Gruppe, der ich während der letzten beiden Jahre angehörte, wird zum Beispiel jedes Treffen *ad hoc* in einem Privathaus oder Appartement arrangiert, wobei die Örtlichkeit meistens durch Mundpropaganda bekanntgegeben wird, so daß man von dem Treffen zuweilen erst am selben Tag erfährt.

Seite 61: Es ermangelt nicht der Ironie, daß Studenten der London School of Economics, die aus dieser Institution *auszubrechen* versuchten, gezwungen waren, durch die Türen *einzubrechen*, um die Leere der Universität mit etwas menschlicher Realität zu beleben.

Seite 68: Eine weitere Möglichkeit, die es hier zu bedenken gilt, ist die Verhaltung der Menstruation der Frau, die sich ein Kind wünscht – aber nicht auf Grund eines natürlichen Verlangens, sondern auf Grund einer Besitzgier.

Seite 72: In England ist es an Weihnachten in bestimmten Nervenkliniken Sitte, daß die Ärzte «ihre» Stationen besuchen und «ihren» Patienten das Essen servieren – nur daß eben die Patienten wenige Stunden später wieder «die chronisch dilapidierenden Schizophrenen» sind. Die Ironie dabei ist, daß in diesem kläglichen Austausch sogar eine gewisse Realität von Gefühl anzutreffen ist. Ein winziges Bißchen an Wärme schimmert hier auf, das in weniger feudalen «therapeutischen Gemeinschaften» im Keim erstickt wird.

Seite 81: «Die von Revolution ohne Bezug zu ihrem alltäglichen Leben sprechen, haben einen Leichnam in ihrem Mund.»

Seite 83: S. Freud: ‹*Der Mann Moses und die monotheistische Religion*›, Ges. Werke, Band XVII, Seite 216/217, Fischer Verlag.

Seite: 86: Der Begriff «Attacke» ist in der Medizin weit verbreitet. So leidet man an einer Attacke von Gallenkolik oder Grippe. In der

Behandlung wird dieser Begriff ebenfalls verwandt. Man «attakkiert» Leukämie oder andere Formen von Krebs oder zerebraler Syphilis mit Mitteln, die selbst Krankheiten sind. Die medizinischen Strategien der Therapie scheinen nicht nur die liberale Möglichkeit einer friedlichen Koexistenz mit, sagen wir, dem eigenen Krebs auszuschließen, sondern auch die noch befreiendere Möglichkeit, in der man seine Krankheit liebt und sie einlädt mit einem zusammen zu leben in einer Art Anti-Ehe, wodurch die statistische Reduzierung der Lebenserwartung nach einem chirurgischen Eingriff oder einer Röntgentherapie um fünf oder sieben Jahre vielleicht hinfällig werden könnte. Extrem ausgedrückt könnte man sagen, daß alle tödlichen Krankheiten durch eine Ablehnung des Liebens Selbstmord sind.

Seite 112: «Wills, Tombs und Families», *New Society*, 25. September 1969, Nr. 356, Seite 473–475.

das neue buch rowohlt

Herausgegeben von Jürgen Manthey

Programmschwerpunkte: zeitgenössische Literatur vorwiegend jüngerer deutscher und ausländischer Autoren / Beiträge zu einer materialistischen Ästhetik / Beispiele gesellschaftskritischer Dokumentaristik / Entwürfe für eine neue, unspekulative Anthropologie / Medientheorie und Kommunikationsforschung / Kritik der «amerikanischen Ideologie»

Peter Rühmkorf
Die Jahre die Ihr kennt
Anfälle und Erinnerungen [1]

Das Mädchen aus der Volkskommune
Chinesische Comics [2]

Sergej Tretjakov
Die Arbeit des Schriftstellers
Aufsätze, Reportagen, Porträts
Hg.: Heiner Boehncke [3]

Hans Christoph Buch
Kritische Wälder
Essays, Kritiken, Glossen [4]

Tom Wolfe
Radical Chic und Mau Mau
bei der Wohlfahrtsbehörde [5]

David Cooper
Der Tod der Familie [6]

Peter Gorsen
Sexualästhetik
Zur bürgerlichen Rezeption von
Obszönität und Pornographie [7]

Velimir Chlebnikov
Werke
I Poesie [8]
II Prosa, Schriften, Briefe [9]
Hg.: Peter Urban

Philip Roth
Unsere Gang
Die Story von Trick E. Dixon
und den Seinen [10]

Karla Fohrbeck
Andreas J. Wiesand
Der Autorenreport [11]

Elfriede Jelinek
Michael
Ein Jugendbuch für die
Infantilgesellschaft [12]

R. Buckminster Fuller
Bedienungsanleitung für
das Raumschiff Erde
und andere Schriften
Hg.: Joachim Krausse [13]

Ed Sanders
The Family
Die Geschichte von Charles Manson
und seiner Strand-Buggy-Streitmacht
[14]

Parteilichkeit der Literatur
oder Parteiliteratur?
Materialien zu einer undogmatischen
marxistischen Ästhetik
Hg.: Hans Christoph Buch [15]

Hermann Peter Piwitt
Rothschilds
Roman [16]

Carl Einstein
Die Fabrikation der Fiktionen
Gesammelte Werke in Einzelausgaben
Hg.: Sibylle Penkert [17]

Peter Turrini
Erlebnisse in der Mundhöhle
Roman [18]

Harold Pinter
Alte Zeiten / Landschaft / Schweigen
Drei Theaterstücke [20]

Nicolas Born
Das Auge des Entdeckers
Gedichte.
Zeichnungen von Dieter Masuhr [21]

Hartmut Lange
Theaterstücke 1960–72 [22]

James Baldwin
Eine Straße und kein Name [23]

Gruppe Cinéthique
Filmische Avantgarde
und politische Praxis
Hg.: Gloria Behrens, Leo Borchard, Beatrix Schumacher, Rainer Gansera [24]

Ronald D. Laing
Knoten [25]

Michael Schneider
Neurose und Klassenkampf
Materialistische Kritik der Psychoanalyse [26]

Paul Nizan
Für eine neue Kultur
Aufsätze zu Literatur und Politik in Frankreich [27]

John Barth
Ambrose im Juxhaus
Fiktionen für den Druck, das Tonband und die menschliche Stimme [28]

Ronald Fraser
Im Versteck [29]

Lu Hsün
Der Einsturz der Lei-feng-Pagode
Essays über Literatur und Revolution in China [32]

Heinz Brüggemann
Literarische Technik
und soziale Revolution
Versuche über das Verhältnis von Kunstproduktion, Marxismus und literarischer Tradition in den theoretischen Schriften Bertolt Brechts [33]

Ron Padgett
Große Feuerbälle [34]

Hartmut Lange
Die Revolution als Geisterschiff
Massenemanzipation und Kunst [36]

Günter Wallraff / Jens Hagen
Was wollt ihr denn, ihr lebt ja noch
Chronik einer Industrieansiedlung [37]

Literaturmagazin I
für eine neue Literatur – gegen den spätbürgerlichen Literaturbetrieb
Hg.: Hans Christoph Buch [38]

Renate Rasp
Chinchilla
Leitfaden zur praktischen Ausübung [39]

Klaus Staeck
Die Reichen müssen noch reicher werden
Politische Plakate [40]

Wolfgang Harich
Jean Pauls Revolutionsdichtung
Versuch einer neuen Deutung seiner heroischen Romane [41]

Thomas Pynchon
Die Versteigerung von N° 49
Roman [42]

Maurice Godelier
Anthropologie und Ökonomie
Kritische Analysen zum Begriff der sozialen Struktur primitiver Gesellschaften [43]

Gustav von Wangenheim
Da liegt der Hund begraben
und andere Stücke
Aus dem Repertoire der ‹Truppe 31› [44]

John Berger
Glanz und Elend des Malers
Pablo Picasso [45]

Rolf Hochhuth
Lysistrate und die Nato. Komödie [46]

Joris Ivens
Die Kamera und Ich
Autobiographie eines Filmers [47]

Burkhard Driest
Die Verrohung des Franz Blum
Bericht [48]

Proletarische Lebensläufe
Autobiographische Dokumente zur Entstehung der ‹Zweiten Kultur› in Deutschland
Band 1: 1848–1914
Hg.: Wolfgang Emmerich [50]

Jürgen Theobaldy
Blaue Flecken
Gedichte. Mit Zeichnungen von Berndt Höppner [51]

Walter Fähnders / Martin Rector
Linksradikalismus und Literatur
Untersuchungen zur Geschichte der sozialistischen Literatur in der Weimarer Republik [52]

James Baldwin

Sag mir, wie lange ist der Zug schon fort
Roman. 432 Seiten. Geb.

Gesammelte Erzählungen
Sonderausgabe. 256 Seiten. Geb.

Gehe hin und verkünde es vom Berge
Roman. 272 Seiten. Geb.
Taschenbuch-Ausgabe: rororo 1415

Eine andere Welt
Roman. Sonderausgabe. 456 Seiten. Geb.

Giovannis Zimmer
Roman. 188 Seiten. Geb.
Taschenbuch-Ausgabe: rororo 999

Hundert Jahre Freiheit
ohne Gleichberechtigung oder The Fire Next Time
rororo aktuell 634

Blues für Mr. Charlie / Amen Corner
Zwei Schauspiele. rororo 1385

Rowohlt

Hubert Selby
Letzte Ausfahrt Brooklyn

Hubert Selbys Zyklus von sechs Prosastücken ist eine Beschreibung menschlicher Höllen und ein Plädoyer zugleich. Mit reporterhafter Genauigkeit fixiert Selby Sprache, Gestus und Moralmodelle von sozial Verwahrlosten und gibt doch keinen teilnahmslosen, erbarmungslosen Bericht. Ein moderner Klagegesang vom Menschenmüll, aufgefressen und ausgespien von der Riesenkrake New York.
320 Seiten. Geb.
und als Taschenbuchausgabe: rororo 1469

Samuel Beckett:
«Ohne Einschränkung ein tiefernstes und mutiges Kunstwerk.»

Friedrich Jonas
Geschichte der Soziologie

Jeder Band mit Quellentexten

rowohlts deutsche enzyklopädie

Der Verfasser, Professor für Soziologie an der Universität Mainz und Vertreter der jüngeren Generation deutscher Soziologen, skizziert die Entwicklung soziologischer Probleme und Denkansätze von der Gesellschaftslehre der Aufklärung bis zur Soziologie der Gegenwart, und zwar nicht nur in Deutschland, Frankreich und dem angelsächsischen Bereich, sondern ebenso in Italien, Spanien, Südamerika und anderen Ländern. Die Arbeit ist ein neuer Forschungsansatz und zumal für die deutsche Soziologie ein neuer Entwurf. Die Geschichte der Soziologie wird mit ihren gegensätzlichen Auffassungen von Gesellschaft gezeigt. Die Arbeit gibt einen instruktiven Einblick in die nicht festgelegte Natur des Gegenstandes, um den es in der Soziologie geht. Sie ist gleichermaßen ein Lesebuch für den kritischen Experten wie ein Lehrbuch für den interessierten Studierenden.

Rowohlt